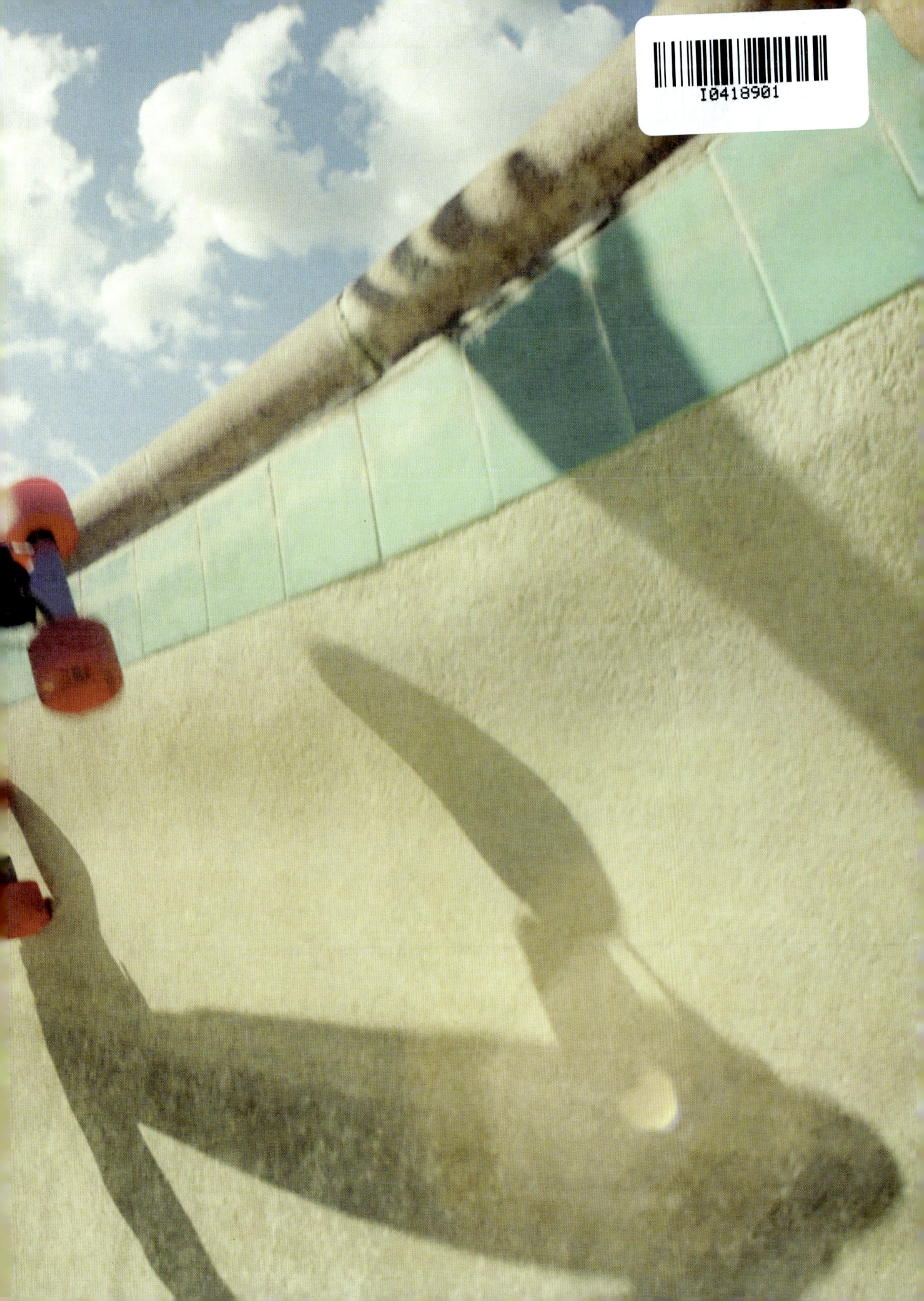

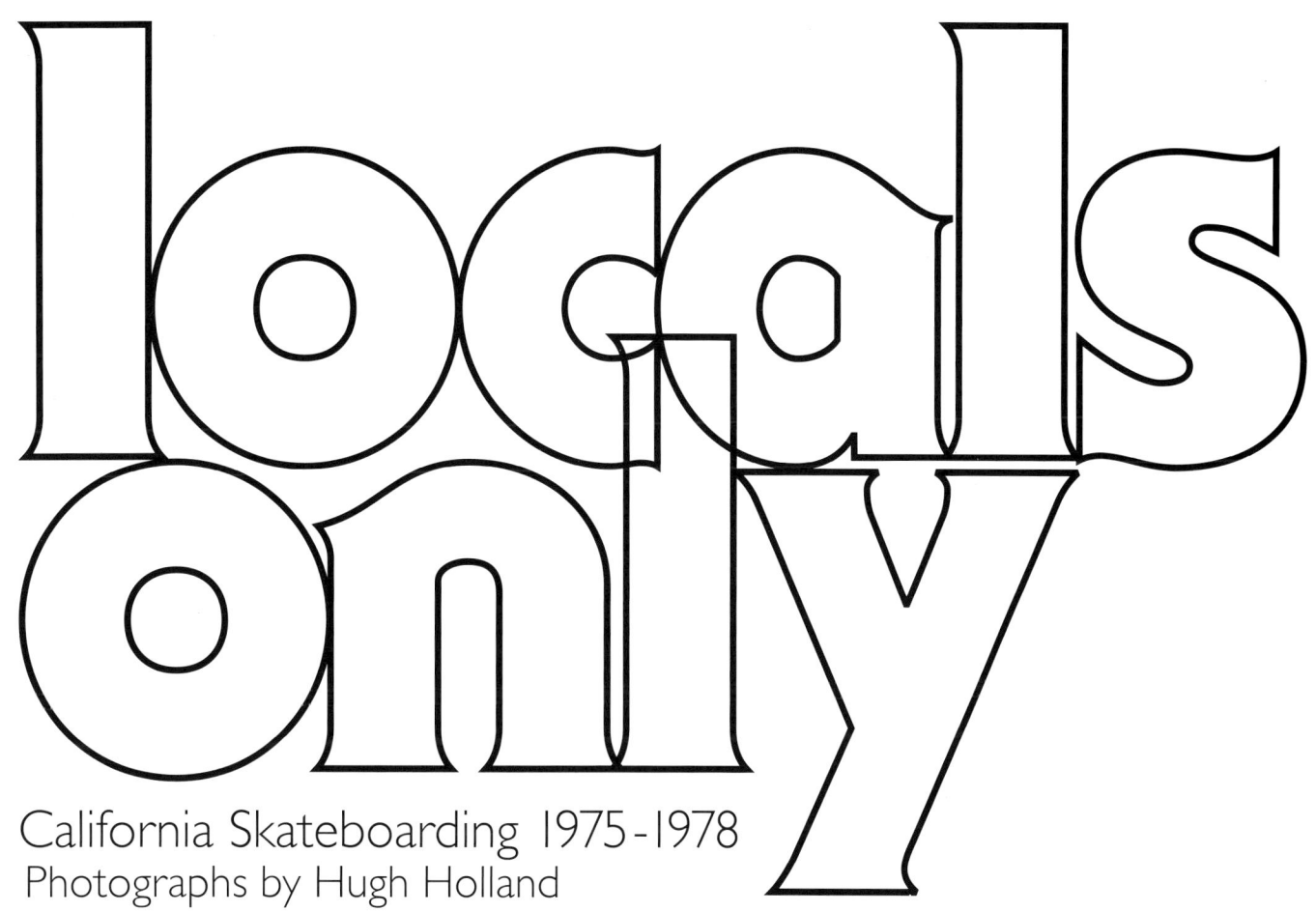

locals only

California Skateboarding 1975-1978
Photographs by Hugh Holland

AMMO

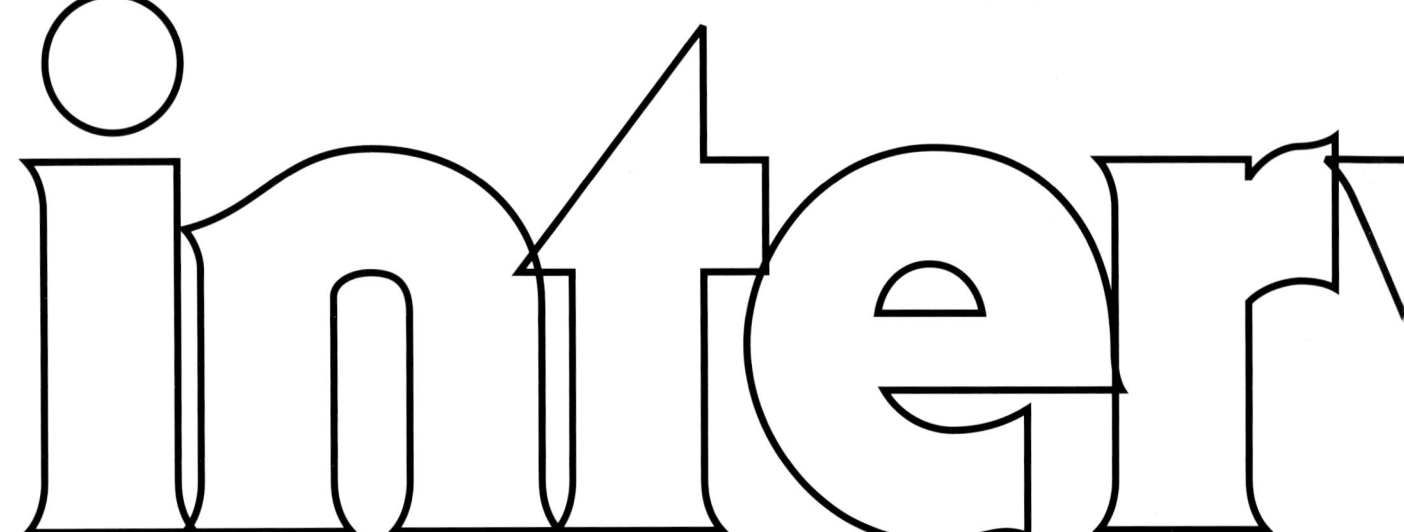

inter

with Hugh Holland, by Steve Crist

Steve Crist: Can you tell us a little bit about how you got started in photography?

Hugh Holland: I think the first time my interest was sparked was while I was working at a photo lab as a summer job when I was in school, in the beginning of the sixties. I worked in the darkrooms in the mornings and delivered orders to drugstores in the afternoon, and I remember being very fascinated.

A little later on, a friend let me use his new 35 mm SLR camera, and that did it. I was hooked. That same person told me stories about California and started me in that direction.

What followed was a period of moving west, discovering California, and then wandering a year in Spain. Finally, in the beginning of the seventies—after settling again in Los Angeles—I set up my own darkroom and started shooting a lot more with my first SLR camera, which was an East German Praktica.

SC: Other than photography, were you particularly drawn to or did you create any other kind of art?

HH: I tried a little painting back in my younger days and once in a while in later times too, even just recently. Actually, you could say I've been painting all my life if you count my commercial artisan work. When I started working in Los Angeles, it was as an artisan—executing custom painting and antique finishes for designers. I've been doing that, off and on, all these 40 years.

I was always an artist but didn't really appreciate the fact myself until I was middle-aged. Fresh in Los Angeles, I worked in a shop and learned the craft of faux painting and then started my own business. By the time I began the skateboard pictures, even though I had a large shop going, I had the energy coupled with the inspiration from those magnificent young figures to get out and shoot a lot of pictures. When I look back on all these slides and negatives I'm thinking, what a very prolific time that was! I am amazed by the amount of images.

I also often experimented with tinting and painting my photos and doing multiple exposures and those kinds of things. I still do, even though digital imaging has now opened up a whole new way of painting on photos and actually painting with photo elements.

SC: So when you were doing darkroom work, you were working in black and white?

HH: Yes; I shot color all along, but during the times that I was intensely into darkroom work, I shot a lot of black and white so that I could have something to work on. Black and white was the thing for doing it myself. Before the skateboard era, and into it, too, I got a lot of creative satisfaction from developing and darkroom work. There were many times when I think I got lost in the darkroom.

SC: And yet in a lot of your photography—especially the skateboard photos presented here—color plays a big role.

HH: Yes, right away the skateboarding seemed particularly to lend itself to color. It got me out of the darkroom a bit. A lot actually, out into the sunlight! Maybe this was when the Technicolor curtain came down for me, and everything started turning into color. [Laughs] Many people have said that Los Angeles is great for color photography because of that certain golden glow you get from the haze and the smog in the afternoon light. When that beautiful afternoon sunlight shines and hits the figures balancing on the edge of a bowl or an empty pool, with light reflecting back on them from the concrete below … you know, I could wax poetic …

SC: So, how did you get started photographing the skateboard work?

HH: I lived in Hollywood, and in that period I started noticing more and more young skateboarders on the streets and everywhere. I had started photographing them here and there, and I had even traveled down to a small contest in a mini-mall in Torrance that I had heard about. I got a few of my best pictures that first day, actually, so that was a really good start.

The real start, though, was one afternoon in the summer of 1975. I was in my car, driving up Laurel Canyon toward Mulholland, when I noticed a group of kids skating in a drainage bowl off to the right side. They called it the "Mini Bowl." It was small with very steep sides, and they were going up and down those banks. And out of the corner of my eye, while driving, I could have sworn that they were actually flying. The bowl was mostly below street level, so I just saw the skaters bobbing up and then sinking back out of sight.

I parked the car on a side road and walked down to the bowl with my camera. That was the first time I saw vertical skating. As soon as the skaters saw the camera they perked up. I was immediately welcome. In those days, there were far fewer cameras around, so the camera was my "in."

So I was welcomed right away, and the kids in Laurel Canyon were my first contacts. I didn't really catch the skate imaging bug until I went up and made friends with them, and for the next three years—although I traveled all over California—I always came back to the "Mini Bowl" and the other bowl up the street called "Skyline."

SC: Did you continue to search out these kind of informal photo opportunities?

HH: Usually on the weekends I would go up there to that place, and it wasn't long before I was branching out to other drainage bowls around the area. The guys would always have a new hot spot to check out. There are a lot of beautiful drainage bowls in the canyons in L.A., Beverly Hills, West L.A., and Santa Monica.

Benedict Canyon had a really big, nice one. Laurel Canyon had a couple, and that was my home base. Those two had the same groupings of "locals" usually, but the groups were fluid, and they kept changing and moving and going places. There was a huge bowl just above the Hollywood Reservoir. It was very big, but not many skaters knew about it, so the locals from that area claimed it all for themselves and called it "Vipers Bowl."

I had a car, which was useful, and skaters would pile in and we'd go to whatever place was on their radar at the moment for getting vertical: bowls, ramps, and then, of course, the empty swimming pools all over the west side and into the Valley. Eventually I made it as far north as the Bay Area, and as far south as Ensenada, Mexico.

Skateboarders came to these spots from all over Southern California just because they heard about them; somehow they came, one way or another, and that was long before mobile phones and texting. When I think back and recall those times, I think, how did they know where to go? It was amazing, but somehow they always knew. It was information passed quickly along solely by word of mouth from one skateboarder to another.

SC: Were you a skateboarder yourself?

HH: No, I wasn't. I tried once and fell off, and I didn't try again because I was afraid I would break my leg. I guess I was meant to record images and not to actually participate.

SC: Can you expand a little bit about the equipment and lenses you used?

HH: Well I had very little fancy equipment. Nothing special, really. I started out with the camera that I mentioned—the Praktica, my first 35 mm SLR—but actually I had switched to a Pentax before the skateboard era started. Photographing skateboarding was a big deal, and I needed something better, so I got a new Canon, and that's the kind I've used ever since.

My main tool was that almost-fisheye lens, like a 17 mm, I think. I had never used those wide-angle lenses before, but as soon as I started shooting skaters, I realized, I gotta get in closer! [Laughs]

SC: These ultra-wide lenses required you to work pretty closely to the subject matter, right?

HH: Yes, and right away I started loving the wide-angle lenses. Not only for the close-ups but also for wide shots. It makes for lots of drama; it makes everything bigger,

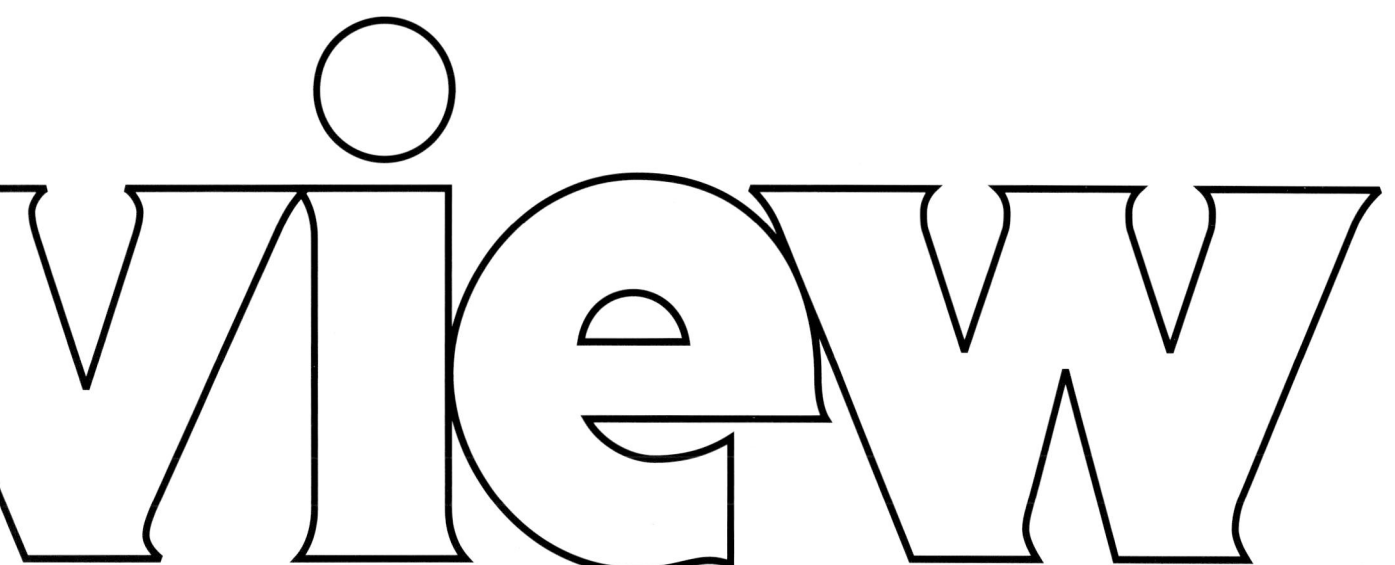

and you get those expanses of negative space on the long shots. So one could shoot wide and then come in for many, many close-ups, right under or on top of the skater at the peak of his trajectory, and all with the same lens. But the reason for getting in there in the first place was to capture the drama—using the slight distortion to advantage—with the limbs flying out and the boards flying everywhere. The drama was outstanding. [Laughs] So I got addicted to wide-angle right then, and I still am for many other applications.

SC: Let's talk about the film stocks you used, because that's a unique aspect of your skateboard pictures.

HH: Well I used recycled 35 mm movie film. This was Hollywood, after all. It was from a company called RGB, that's still around I believe, and they sold end lots of movie film, which they packaged up into cassettes. It was an Eastman color negative film. So you shoot on the negative film, then they processed it and contact printed onto movie print film, which they then cut up and mounted as slides. And so one could get negatives, and slides too, and then prints for the images you wanted. (And my subjects, the skaters, asked for and received a lot of prints.) So you got slides and negs for the price of developing. That was one of the main reasons I did it that way—it was low cost, and I could shoot a lot more. But I came to appreciate the way it looked, too. Some of the earlier RGB film, especially the print film in the earlier days, like 1975 or so, faded pretty fast. They improved both the films as they went along. It was not so good at first; a lot of the older print slides faded over time.

Looking back on it later I thought, that's a nice choice for film really. It was kind of perfect for the times. I did it to save money and because it was convenient since the lab was near my house and all that, but now I think it looks nice and "retro." It gets grainy when you push it, and I did a lot of push processing for late in the day and for the action. The film had a warm, soft quality to it—not out of focus, not blurred, but soft—not hard like Ektachrome and Kodachrome. So sometimes, when I wanted

hard, sharp, bright colors, I'd use a chrome, but I did like the look of the movie film.

SC: Some of these kids in the book went on to become famous skateboarders, of course, but do you remember a lot of them or know any of them now?

HH: Yes, some of the skaters I photographed were good and very quickly went into the ranks of "pros" or skate celebrities. Some were already starting to be celebrities by '76, like Jay Adams and Stacy Peralta, of the Dogtown Boys. There were others like Kent Senatore and Jerry Valdez, who later got pretty famous. And those latter two, in particular, were part of the original locals in Laurel Canyon. I didn't even realize how good they were becoming just within a short period of time, but they became pros pretty quick. In those heady days, most of the ones that became pros were just "regular" kids that were daredevil types and talented, and when the money started appearing, they got offers.

I have stayed in touch off and on with a few of them.

SC: How was skateboarding changing in those years from when you started photographing to the time that you ended? What was going on?

HH: It was amazing. Everything changed very fast within those three years.

In '75 we were mostly in the canyon bowls and started getting out to the many different schoolyards like Kenter and Paul Revere. Schoolyards were great because they had these asphalt banks, which were perfect for skating, and large flat areas, too. By '76 the scene was moving to empty swimming pools, and then, after that, the skate parks started to appear, and there were bigger and bigger organized contests. In '77, commercialism started to come into the new sport.

When I look at the pictures that I took then, 35 years ago or so, I can right away tell which ones are from '75, from '76, and from '77, just by the way they're dressed and the surroundings and what kind of skating they're doing. There was a big shift

in the three years, and a big part of the sport became commercial really fast. Manufacturers and skate parks and insurance companies moved in. The equipment came: helmets, knee pads, elbow pads, shoes, anything you can imagine that a person might wear or use when he's skateboarding—just like any other sport. When I started recording them, there were a lot who were barefoot and without helmets (not that that is a good thing for safety, but it looked good in pictures), but by the end of '77, those were rare, and most were all trussed up in gear.

Today, besides the sports professionals and "extreme athletes," you can still see a lot of neighborhood kids out skateboarding, and you also see ordinary adults out skating on the streets just for transportation. Everybody's skateboarding now, but back in the early days it was pretty much just the teenagers, mostly male, and they were out discovering brand new thrills.

I came onto the scene just after the introduction of the urethane wheel, which made it possible to go vertical, and that became a really, really exciting thing—to, as they said, "get air," or "go for coping" in the dry swimming pool.

There was a drought in '76–'77 in California, so many swimming pools had to be emptied because there was not enough water. That provided tons of new places to get vertical, and so they were all out looking for empty swimming pools and climbing over back fences. I was there too, lying on my back on the bottom of a pool.

So those two things—the invention of the urethane wheel for traction and the drought providing empty pools and basins—made those years perfect for the beginning of a radical and exciting sport and the visuals that it engendered, which is where I came in.

SC: How did you reach a point where you stopped taking skateboard pictures?

HH: I don't know; it just ended. Thinking back on it I would say that it was because it was becoming more commercial; it wasn't as much fun for me as it had been.

The spirit had changed—it had become more professional and money-oriented, whereas before it had been just spontaneous fun. Especially in '75—'75 was the best for me, speaking of the way things looked through the lens. The next year ('76) was more intense because there was a lot more activity; everybody started to get into it. That year was a lot of fun.

By '78 the skateboard era had gradually ended for me, and I'm not sure why, but I just slowed down and stopped. Probably I had business and personal things that took me away, but also, I realize in looking back, that was when the visual aspect of skateboarding changed, and it no longer seemed as free and exciting. What I saw that had attracted me had changed into something else. So, for me at least, the scene came to its natural end.

SC: What do you think about all the work now, looking back after all this time?

HH: I love the images more and more as time goes by, and also, as time goes by, different images pop out as being outstanding. Sometimes images that I had completely ignored through all the years suddenly become the big favorites.

The work that I did during that brief time now looks to me like something amazing. A huge pile of beautiful images. Little did I know that what I was doing then, just because it was there and it was fun, would now be such an attraction.

I was in the right place at the right time. [Laughs] There was nothing like it before or after for someone like me that appreciated and loved the look of it all. And it was the incredible energy and the beauty that was generated by the kids that drew me in. I feel that that was a brief moment—it was like the beginning and the end. It spread like wildfire all over Southern California. I know it happened in other parts of the world too, but California felt like the center of it all.

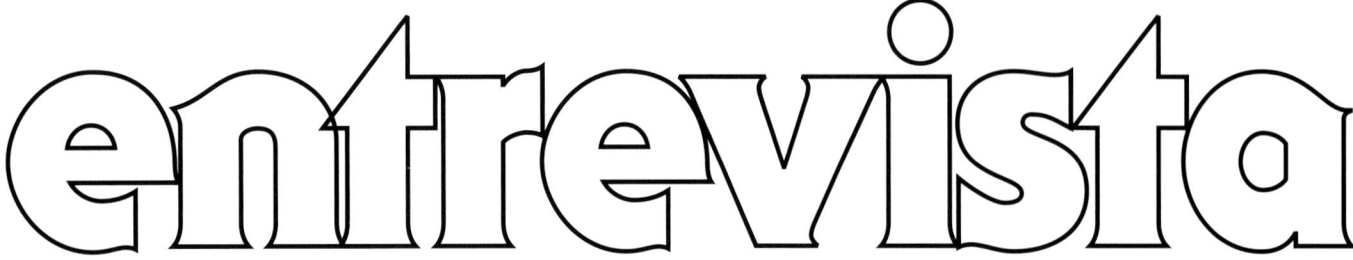

entrevista

Con Hugh Holland, por Steve Crist

Steve Crist: ¿Nos puedes contar cómo empezaste con la fotografía?

Hugh Holland: Creo que la primera vez que se despertó mi interés fue durante un trabajo de verano en un laboratorio de fotografía cuando estaba en la escuela, a principios de los años sesenta. Trabajaba en el cuarto oscuro por las mañanas y entregaba los pedidos a las tiendas por las tardes, y recuerdo sentirme fascinado.

Algo más tarde, un amigo me dejó usar su nueva cámara SLR de 35 mm, y eso lo remató. Estaba enganchado. La misma persona me contó historias acerca de California lo que me empujó en esa dirección.

A continuación, transcurrió un periodo en el que me trasladé al oeste, descubrí California, y después pasé un año recorriendo España. Por último, a principios de los años setenta —después de asentarme de nuevo en Los Ángeles— establecí mi propio cuarto oscuro y empecé a tomar fotos con mi primera cámara SLR, que era una Praktica de Alemania del Este.

SC: Además de la fotografía, ¿te ha atraído algún otro tipo de arte o has creado algún otro tipo de arte?

HH: He probado un poco la pintura cuando era más joven y, también, alguna vez más adelante, incluso recientemente. En realidad, se podría decir que he pintado toda mi vida si tienes en cuenta mi trabajo artístico comercial. Cuando empecé a trabajar en Los Ángeles, era un artesano; ejecutaba pinturas personalizadas y acabados de antigüedades para diseñadores. Es algo que he hecho, esporádicamente, durante 40 años.

Siempre he sido un artista pero nunca me di cuenta de ello hasta que alcancé cierta edad. Recién llegado a Los Ángeles, trabajé en una tienda y aprendí las técnicas de pintura del faux y luego abrí mi propio negocio. Cuando empecé a trabajar con las imágenes de *skateboarding*, a pesar de que tenía muchas cosas entre manos, tenía la energía unida a la inspiración que ofrecían esas magníficas figuras jóvenes, para salir y tomar *muchísimas* fotos. En retrospectiva, cuando veo todas las diapositivas y negativos pienso: ¡Vaya época más prolífica! Me asombra la cantidad de imágenes.

También he experimentado a menudo con el tintado y pintado de las fotos, y he realizado fotos con exposiciones múltiples y ese tipo de cosas. Aún lo hago, aunque el mundo digital ha abierto una nueva forma de pintar las fotos y, de hecho, de pintar *con* elementos fotográficos.

SC: Entonces, cuando estabas trabajando en el cuarto oscuro, ¿trabajabas en blanco y negro?

HH: Sí; siempre he tomado fotos en color, pero durante la época en la que estaba inmerso en el trabajo en el cuarto oscuro, tomaba muchas fotos en blanco y negro para tener algo sobre lo que trabajar. El blanco y negro era ideal para mí. Antes de la etapa del *skateboarding*, y durante ella también, obtenía mucha satisfacción creativa revelando fotos en el cuarto oscuro. Muchas veces, creo que me perdí en el cuarto oscuro.

SC: Y aún así, en muchas de tus fotografías, sobre todo las fotos de *skateboarding* que presentamos aquí, el color juega un papel muy importante.

HH: Sí, el *skateboarding* me pareció de inmediato algo que se prestaba al color. Me sacó un poco del cuarto oscuro. Mucho, en realidad, ¡a la luz del sol! Quizá ocurrió cuando la cortina del Technicolor me cayó encima, y todo empezó a convertirse en color. [*Risas*] Quizá mucha gente ha dicho que Los Ángeles es excelente para la fotografía en color debido a un cierto brillo dorado que surge de la neblina y la contaminación a la luz de la tarde. Cuando ese hermoso sol de la tarde brilla y cae sobre las figuras haciendo equilibrios en el borde de un colector o una piscina vacía, con la luz reflejándose en ellos desde el cemento… ¿sabes? Creo que podría ser un poeta…

SC: Entonces, ¿cómo empezaste a realizar fotografías de *skateboarding*?

HH: Vivía en Hollywood, y en esa época empecé a observar más y más jóvenes *skaters* en las calles y por todas partes. Había empezado a tomar fotos aquí y allá, e incluso había acudido a participar en una pequeña competición de la que había oído hablar en un pequeño centro comercial en Torrance. De hecho, logré algunas de mis mejores fotos el primer día, así que fue un gran comienzo.

El comienzo real, sin embargo, fue una tarde en el verano de 1975. Estaba en el auto, conduciendo por Laurel Canyon hacia Mulholland, cuando observé un grupo de chicos en un colector de drenaje a la derecha. Lo llamaban el "Mini Bowl" (mini colector). Era muy pequeño con laterales muy pronunciados, y estaban subiendo y bajando esas paredes. Y mirando de refilón, podría haber jurado que estaban volando. El colector quedaba casi por completo por debajo del nivel de la calle, así que sólo veía a los *skaters* apareciendo y desapareciendo de repente fuera de mi campo visual.

Aparqué el coche en una calle lateral y me acerqué al colector con la cámara. Era la primera vez que veía patinaje vertical. Tan pronto como los *skaters* vieron la cámara se animaron. Me dieron la bienvenida de inmediato. En aquellos días, había pocas cámaras, así que eran algo muy "de moda".

En fin, me aceptaron en seguida, y los chicos de Laurel Canyon fueron mis primeros contactos. No llegué a contraer la fiebre de la imaginería del *skateboarding* hasta que me acerqué a ellos y me hice su amigo, y los siguientes tres años —aunque viajé por toda California— siempre volvía al "Mini Bowl" y a otro colector en esa calle llamado "Skyline" (línea del horizonte).

SC: ¿Continuaste buscando ese tipo de oportunidades de realizar fotos informales?

HH: Normalmente, los fines de semana iba por allí, y en poco tiempo empecé a visitar otros colectores de drenaje de la zona. Los chicos siempre tenían algún lugar nuevo y atractivo que investigar. Hay muchos colectores de drenaje muy hermosos en los cañones de Los Ángeles, Beverly Hills, el oeste de Los Ángeles y Santa Mónica.

Benedict Canyon tenía uno muy grande y bonito. Laurel Canyon tenía un par y esa era mi base. Esos dos tenían, por lo general, los mismos grupos de "locales", pero los grupos eran fluidos, y cambiaban con frecuencia y se desplazaban y buscaban otros lugares. Había un colector enorme justo encima del Hollywood Reservoir. Era muy grande pero no lo conocían muchos *skaters*, así que los chicos de la zona lo reclamaron para ellos y lo nombraron "Vipers Bowl" (el colector de las víboras).

Tenía un automóvil, lo que era útil, y los *skaters* se apilaban en él y viajábamos a cualquier sitio que estaba en su radar en ese momento para ir a por verticales: colectores, rampas, y luego, por supuesto, las piscinas vacías de toda la parte oeste hasta el valle. Por el norte llegamos a alcanzar el área de la Bahía y por el sur Ensenada, en México.

Los *skaters* acudían a esos sitios desde todo el sur de California sólo porque habían oído hablar de ellos; se las ingeniaban para venir de un modo u otro, y eso era mucho antes de los teléfonos móviles y los mensajes de texto. Cuando vuelvo la vista atrás, pienso, ¿cómo podían saber a dónde ir? Era increíble, pero de algún modo, lo sabían. Esa información se transmitía muy rápidamente únicamente de boca a oreja, de un *skater* a otro.

SC: ¿Eras tú también un *skater*?

HH: No, yo no. Lo intenté una vez y me caí, y no lo volví a intentar porque tenía miedo a romperme una pierna. Creo que estaba destinado a registrar las imágenes pero no a participar.

SC: ¿Podrías contarnos algo más acerca del equipo y las lentes que usabas?

HH: Tenía un equipo muy poco sofisticado. Nada especial, de verdad. Empecé con la cámara que he mencionado, la Praktica, mi primera SLR de 35 mm, pero después cambié a una Pentax antes de que empezara la época del *skateboarding*. Tomar fotografías de los *skaters* era un trabajo complicado, y necesitaba algo mejor así que adquirí una Canon nueva, y ese es el tipo que he usado desde entonces.

Mi herramienta principal eran los objetivos casi ojo de pez, como un 17 mm, creo. Nunca había utilizado esas lentes de gran angular antes, pero tan pronto como empecé a fotografiar a los *skaters*, me di cuenta de que tenía que poder acercarme. [*Risas*]

SC: Esas lentes ultra gran angular exigen trabajar muy cerca del sujeto, ¿cierto?

HH: Sí, y de inmediato me encantaron las lentes gran angular. No sólo para los primeros planos sino también para planos abiertos. Crean mucho dramatismo; todo parece más grande y se consiguen amplios espacios negativos en las tomas abiertas. Así que es posible abrir el plano y luego acercarse y tomar muchos primeros planos, justo debajo o encima del *skater* en el pico de su trayectoria, y todo con la misma lente. Pero la razón por la que llegué a usarlas, en primer lugar, fue para capturar el dramatismo —aprovechando la más pequeña distorsión— con piernas y brazos y tablas volando por todas partes. El dramatismo era *espectacular*. [*Risas*] Así que me hice adicto al gran angular en un instante y todavía lo soy para muchas otras aplicaciones.

SC: Hablemos de las películas que usabas, ya que ese es un aspecto único de tus fotos de *skateboarding*.

HH: Usaba películas recicladas de 35 mm. Esto era Hollywood, al fin y al cabo. Provenían de una empresa llamada RGB, que aún sigue funcionando creo, y vendían restos de películas de cine, que empaquetaban en casetes. Eran películas negativas en color Eastman. Así que disparabas la película negativa, la procesabas y copiabas por contacto en película de *impresión*, y ellos la cortaban y montaban como diapositivas. De este modo, podías obtener negativos, y también diapositivas, y las impresiones de las imágenes que querías. (Y los *skaters* pedían y recibían muchas impresiones). De modo que conseguías las diapositivas y los negativos por el precio del revelado. Esa fue una de las principales razones por lo que lo hacía así; era barato, y podía tomar muchas más fotos. Pero con el tiempo llegué a apreciar también su aspecto. Algunas de las primeras películas RGB, sobre todo, las películas de impresión de los primeros días, como 1975, se desvanecían muy rápido. Mejoraron las películas con el tiempo. No estaba tan bien al principio; muchas de las primeras impresiones de diapositivas se han desvanecido con el paso del tiempo.

En retrospectiva, pienso que fue una buena opción de película. Era el tipo perfecto para la época. También lo hice para ahorrar dinero y porque era cómodo, ya que el laboratorio estaba cerca de mi casa, pero ahora creo que parecen bonitas y "retro". Aumenta el grano fotográfico si las fuerzas y yo tomaba muchas exposiciones forzadas al final del día y para capturar la acción. La película tenía una cualidad suave y cálida, no desenfocada ni borrosa, sino suave; no dura como Ektachrome y Kodachrome. Así que a veces, cuando quiero colores brillantes, duros y nítidos, uso cromo, pero me gustaba la apariencia de las películas de cine.

SC: Algunos de esos chicos del libro llegaron a ser *skaters* famosos, por supuesto, pero ¿recuerdas muchos de ellos o estás en contacto con alguno de ellos ahora?

HH: Sí, algunos de los *skaters* que fotografié eran muy buenos y en seguida enrolaron las filas de los "pros" o celebridades del *skateboarding*. Algunos ya eran algo conocidos en 1976, como Jay Adams y Stacy Peralta, de Dogtown Boys. Había otros como Kent Senatore y Jerry Valdez, que más tarde se hicieron bastante famosos. Y estos dos últimos, en concreto, eran parte de los locales originales de Laurel Canyon. No me daba cuenta de lo buenos en que se estaban convirtiendo en un corto periodo de tiempo, pero se hicieron profesionales muy rápido. En aquellos días, la mayoría de los que se hacían profesionales eran sólo chicos "normales" que eran muy atrevidos y tenían mucho talento y cuando el dinero hizo su aparición, empezaron a recibir ofertas.

He permanecido en contacto esporádico con algunos de ellos.

SC: ¿Cómo cambió el *skateboarding* en esos años desde que empezaste a tomar fotos al momento en que lo dejaste? ¿Qué pasaba?

HH: Era increíble. Todo cambió muy rápido en esos tres años.

En el 75 estábamos sobre todo en los colectores del cañón y empezamos a salir a los patios de las escuelas como Kenter y Paul Revere. Los patios de las escuelas eran excelentes porque tenían gradas asfaltadas, que eran perfectas para patinar, y también grandes áreas planas. En el 76 la actividad se desplazó a piscinas vacías y después empezaron a surgir los parques de patinaje, y había competiciones organizadas cada vez más importantes. En el 77, la comercialización empezó a llegar a este nuevo deporte.

Cuando miro las fotos que tomé entonces, hace 35 años más o menos, puedo decir sin dudarlo cuáles son del 75, del 76 y del 77, sólo por la forma en que vestían y los alrededores y el tipo de *skate* que realizaban. Hubo un gran cambio en esos tres años, y una gran parte del deporte se comercializó a toda velocidad. Los fabricantes y los parques de patinaje y las empresas de seguros empezaron a intervenir. Llegó el equipo: cascos, rodilleras, coderas, zapatillas deportivas y todo lo que puedas imaginar que una persona podría llevar o usar en un *skate*, como cualquier otro deporte. Cuando empecé a tomar fotos, muchos iban descalzos y sin cascos (no es que sea bueno para la seguridad pero quedaba bien en las fotos), pero a finales del 77, ésos eran raros, y la mayoría usaban todo tipo de equipamiento.

Hoy día, además de los profesionales del deporte y los "atletas extremos", aún puedes ver a muchos chicos de barrio practicando el *skate*, y puedes ver a adultos normales y corrientes con *skates* por las calles como medio de transporte. Todo el mundo lo practica ahora, pero entonces, en los primeros días, era algo sólo para adolescentes, casi todos varones, y estaban descubriendo emociones completamente nuevas.

Yo aparecí en escena justo después de la introducción de la rueda de uretano, que hizo posible el desplazamiento vertical, y eso se convirtió en una novedad muy, muy impresionante, para, como ellos decían, "tomar aire" o "ir a por bordes" en las piscinas secas.

Hubo una sequía en el 76-77 en California, por lo que muchas piscinas se tuvieron que vaciar porque no había agua. Eso proporcionó montones de sitios nuevos para patinar en vertical, y por eso todos buscaban piscinas vacías y trepaban sobre vallas. Yo estaba ahí también, tumbado en la espalda en el fondo de la piscina.

Esas dos cosas —la invención de la rueda de uretano para conseguir tracción y la sequía que ofrecía cuencas y piscinas vacías— hicieron que esos años fueran perfectos para el comienzo de un deporte apasionante y radical y las imágenes visuales que generó, que es la parte que me toca.

SC: ¿Cómo llegó el momento en que dejaste de tomar fotos de *skateboarding*?

HH: No sé; simplemente se acabó. Pensando en ello, diría que fue porque se estaba comercializando; no era tan divertido como al principio. El espíritu había cambiado, estaba más orientado a lo profesional y al dinero, mientras que al principio era diversión espontánea. Especialmente en el 75. El 75 fue el mejor para mí, hablando de la forma en que se veían las cosas a través de la lente. El año siguiente (76) fue más intenso porque hubo mucha actividad; todo el mundo empezó a interesarse por el *skateboarding*. Ese año fue muy divertido.

En el 78 la era del *skateboarding* había acabado gradualmente para mí, y no estoy seguro de por qué, pero se ralentizó y acabó. Probablemente tenía asuntos profesionales y personales que me apartaron de ese mundo, pero también, me doy cuenta al mirar atrás, fue cuando el aspecto visual del *skateboarding* cambió, y no parecía tan libre y emocionante. Lo que veía que me había atraído se había convertido en otra cosa. Así que, al menos para mí, esa época llegó a su fin natural.

SC: ¿Qué opinas de ese trabajo ahora, después de todo este tiempo?

HH: Me encantan las imágenes más y más a medida que pasa el tiempo, y también según pasa el tiempo, surgen algunas imágenes que resultan espectaculares. A veces, las imágenes que tenía y no me habían llamado la atención durante años de repente se convierten en las grandes favoritas.

El trabajó que realicé durante ese breve espacio de tiempo ahora me parece algo extraordinario. Una enorme pila de hermosas imágenes. Poco sabía yo que lo que estaba haciendo entonces, sólo porque estaba ahí y era divertido, acabaría por convertirse en una atracción tan grande.

Estuve en el lugar adecuado en el momento adecuado. [*Risas*] No ha habido nada comparable antes o después para alguien como yo que apreciaba y amaba el aspecto visual de todo ello. Y fue la increíble energía y la belleza que generaban los chicos lo que me atrajo. Siento que fue un breve momento, fue como el principio y el fin. Se extendió como el fuego por todo el sur de California. Sé que también ocurrió en otras partes del mundo, pero California parecía ser el centro de todo.

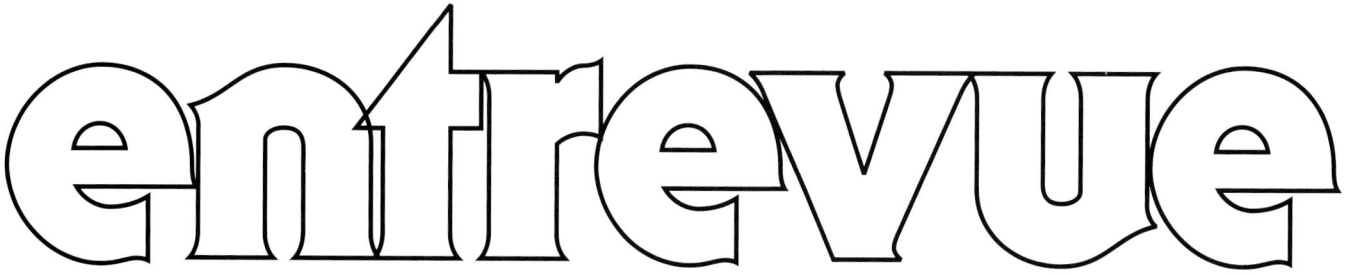

entrevue

Avec Hugh Holland, par Steve Crist

Steve Crist : Pouvez-vous nous raconter comment vous êtes venu à la photographie ?

Hugh Holland : Il me semble j'ai commencé à m'intéresser à la photographie au début des années 1960 ; j'avais un job d'étudiant dans un laboratoire photographique pendant les vacances d'été, je passais les matinées en chambre noire et je m'occupais des livraisons aux magasins l'après-midi. Je m'en souviens comme d'un travail absolument fascinant.

Un ami m'a ensuite prêté son nouvel appareil reflex 35 mm et ce fut le déclic. J'étais mordu. Ce même ami m'a aussi longuement entretenu de la Californie et m'a suggéré de m'y rendre.

S'ensuivirent alors un long voyage vers l'ouest des Etats-Unis, la découverte de la Californie et une année passée à parcourir l'Espagne. Après m'être établi à Los Angeles au début des années 1970, j'ai installé mon propre laboratoire et je me suis lancé dans la photographie, muni de mon premier appareil reflex, un Praktica est-allemand.

SC : Mise à part la photographie, étiez-vous particulièrement attiré par d'autres médiums artistiques en tant que spectateur ou créateur ?

HH : Je me suis essayé à la peinture dans mes années de jeunesse et je peins toujours de temps à autre ; j'ai même d'ailleurs peint tout récemment.

En fait, on peut dire que j'ai peint tout au long de ma vie si on prend en compte mon travail d'artisan. Après mon installation à Los Angeles, ma première occupation professionnelle a été la personnalisation et la finition d'antiquités pour des architectes d'intérieur. Voilà une quarantaine d'années que je pratique cette activité plus ou moins régulièrement.

J'ai toujours été un artiste mais j'ai dû atteindre une certaine maturité avant d'en prendre conscience. A mon arrivée à Los Angeles, j'ai travaillé dans un atelier où j'ai appris la technique du faux-fini et j'ai ensuite créé ma propre société. Quand je me suis lancé dans la photographie du skateboard, je dirigeais déjà une grosse entreprise, mais la vue de ces magnifiques jeunes skateurs m'a apporté l'inspiration et l'énergie de tirer toute une *multitude* de photos. Quand je me replonge dans ces diapos et ces négatifs, je me dis que c'était une période intensément prolifique. Cette profusion d'images m'étonne encore.

J'ai expérimenté régulièrement avec le teintage, l'application de peinture sur les photos, avec les expositions multiples et avec différentes techniques de développement. J'expérimente toujours même si, grâce à l'imagerie numérique, de nombreux procédés permettent aujourd'hui de peindre sur des photos et même de peindre en *intégrant* des éléments photographiques.

SC : Donc, en laboratoire, vous avez travaillé sur du noir et blanc ?

HH : Oui. J'ai toujours photographié à la fois en couleur et en noir et blanc, mais à cette période j'étais tellement impliqué dans mes essais en laboratoire que je prenais énormément de photos en noir et blanc pour avoir du matériel à développer. Le noir et blanc me permettait de mener mes propres expérimentations. Avant la période du skateboard, et même tout au long de cette période, le développement de photos en laboratoire m'a procuré une intense satisfaction artistique. J'ai souvent complètement perdu la notion du temps dans ma chambre noire.

SC : Et pourtant la couleur joue un rôle important dans votre photographie, en particulier dans les photos présentées ici.

HH : En effet, le skateboard semble se prêter particulièrement à la couleur. Ça m'a forcé à sortir de mon laboratoire, en fait j'ai complètement émergé de ma chambre obscure vers la lumière. C'est peut-être à ce moment là qu'un rideau de Technicolor s'est levé pour moi et que le monde m'est apparu en couleur. [*Rires*] On dit que Los Angeles est la ville idéale pour la photographie couleur car la lumière filtrée par la brume et la pollution prend une nuance dorée dans l'après-midi. Je revois ces scènes inondées de soleil, les corps voltigeant en équilibre sur le bord d'un bassin ou d'une piscine vide avec en arrière plan la lumière se réverbérant sur le béton… ça me rendrait presque poétique…

SC : Quelles sont les circonstances de vos débuts dans la photographie des skateurs ?

HH : Je vivais à Hollywood et j'ai remarqué de plus en plus de skateurs dans les rues de la ville, et même un peu partout à cette époque. Je les photographiais déjà de temps en temps et je m'étais même rendu à Torrance à l'occasion d'une petite compétition dont on m'avait parlé. J'ai tiré quelques uns de mes meilleurs clichés ce jour là, c'était un début vraiment prometteur.

En revanche, c'est par un après-midi de l'été 1975 que j'ai connu mon véritable commencement. Je traversais Laurel Canyon en direction de Mulholland quand j'ai remarqué un groupe d'adolescents sur leurs skateboards dans un bassin d'évacuation. Ils l'appelaient le « Mini Bowl ». C'était un petit bassin avec des rebords très raides et les skateurs faisaient des allers-retours entre les bords. J'étais au volant de ma voiture et, en les apercevant du coin de l'œil, j'aurais pu jurer qu'ils planaient. Le bassin se trouvait en contrebas de la route et je ne voyais les skateurs que lorsqu'ils émergeaient à mon niveau avant de disparaître à nouveau hors de ma vue.

J'ai garé ma voiture dans une petite rue et je me suis approché du bassin avec mon appareil photo. C'était la première fois que je voyais du skating vertical. Les skateurs se sont animés dès qu'ils ont vu mon appareil et ils m'ont tout de suite accepté. Les appareils photo étaient beaucoup moins fréquents à l'époque et le mien m'a servi de sésame dans cette communauté.

J'ai donc été intégré dès le début et ces adolescents de Laurel Canyon ont été mes premiers contacts. Je n'ai attrapé le virus de la photographie du skateboard qu'après m'être lié d'amitié avec eux et, pendant les trois années qui ont suivi et bien que voyageant dans toute la Californie, je retrouvais toujours le chemin de Laurel Canyon, du « Mini Bowl » et du deuxième bassin situé en haut de la rue que les skateurs appelaient « Skyline ».

SC : Avez-vous continué à rechercher ce type de d'opportunités informelles ?

HH : Le week-end, je me rendais à Laurel Canyon et je partais ensuite assez rapidement vers d'autres bassins des environs. Il y a de magnifiques bassins d'évacuation dans les canyons de Los Angeles, Beverly Hills, West Los Angeles et Santa Monica et les skateurs connaissaient toujours un nouveau coin à essayer.

Dans Benedict Canyon se trouvait un superbe grand bassin. Laurel Canyon en comptait deux et ce quartier est resté mon point de départ. Autour de ces deux bassins se rassemblaient en général toujours les mêmes groupes d'adolescents du quartier, mais ces groupes étaient fluides, ils changeaient souvent et se déplaçaient vers de nouveaux lieux. Il y avait aussi un immense bassin juste au dessus du Hollywood Reservoir. Il était très grand, mais peu de skateurs le connaissaient et les riverains l'avaient aménagé pour leur propre utilisation. Ils l'avaient nommé « Vipers Bowl ».

Je possédais une voiture, ce qui s'est avéré être très utile pour les skateurs. Ils s'empilaient dedans pour que je les emmène vers tel ou tel bassin qui était sur leur radar à ce moment là et qui offrait des surfaces verticales : bassins d'évacuation, rampes, et ensuite bien sûr les piscines vides dans tout le quartier ouest et dans la vallée d'Hollywood. J'ai fini par voyager aussi loin que la baie de San Francisco vers le nord et que la ville d'Ensenada au Mexique en direction du sud.

Des skateurs en provenance de toute la Californie du sud convergeaient vers ces points de rassemblement uniquement parce qu'ils en avaient entendu parler. D'une manière ou d'une autre, ils connaissaient ces coins, et tout cela se passait bien avant les téléphones portables et les SMS. En repensant à cette époque, je me demande comment ils se tenaient informés. C'était incroyable, mais ils savaient toujours où aller. Toute cette information se transmettait de bouche à oreille d'un skateur à l'autre.

SC : Avez-vous personnellement pratiqué le skateboard ?

HH : Non. J'ai essayé une fois, je suis tombé et je n'ai jamais retenté l'expérience parce que j'avais peur de me casser une jambe. J'imagine que j'étais destiné à saisir ces images par la photographie plutôt que de participer à l'action.

SC : Pouvez-vous nous expliquer quel équipement et quels objectifs vous utilisiez ?

HH : En réalité, je n'utilisais pas un matériel très sophistiqué. Ce n'était vraiment rien de particulier. J'ai commencé avec l'appareil photo dont j'ai déjà parlé — le Praktica, mon premier appareil reflex 35 mm — mais j'avais déjà acquis un Pentax avant ma phase de skateboard. Photographier les skateurs était important et j'ai eu besoin d'un meilleur équipement, donc j'ai pris un Canon et c'est avec cet appareil que je travaille depuis.

Mon principal outil se trouvait être un objectif quasiment fish-eye, comme un 17 mm je crois. Je n'avais jamais utilisé ce type d'objectif grand angulaire, mais après avoir tiré mes premiers clichés de skateurs, j'ai tout de suite eu envie de prendre des plans rapprochés ! [*Rires*]

SC : Les objectifs très grand angle vous forçaient à vous placer tout près du sujet, n'est-ce pas ?

HH : Oui, c'est vrai, et j'ai tout de suite eu beaucoup de plaisir à travailler avec ce type d'objectifs. Pas seulement pour les plans rapprochés mais aussi pour les vues d'ensemble. Ils contribuent à créer une atmosphère dramatique grâce à la distorsion des formes et on obtient de grandes plages de négatif dans les vues d'ensemble. On peut tirer une vue générale et prendre ensuite un grand nombre de plans rapprochés en se plaçant juste en dessous ou au dessus du skateur au sommet de sa trajectoire, tout ceci avec le même objectif. Mais, essentiellement, je m'appuyais sur la distorsion de l'image créée par ces objectifs pour saisir l'instant unique où le corps du skateur paraît s'élancer dans toutes les directions tandis que son skateboard fuit sous ses pieds. La tension est alors à son comble. [*Rires*]

Je suis devenu un accro du grand angle à ce moment là et je le reste toujours dans bon nombre de situations.

SC : Pouvez-vous nous parler du type de pellicule que vous utilisiez, car c'est là un aspect unique de vos photos de skateurs.

HH : En effet, j'utilisais de la pellicule cinématographique de 35 mm recyclée. Après tout, on est à Hollywood. Mon fournisseur était une compagnie du nom de RGB, qui doit toujours être en activité, et qui vendait beaucoup de chutes de films emballées dans des cassettes. C'était du film négatif couleur Eastman. Je pouvais donc photographier sur le négatif, RGB s'occupait du traitement de la pellicule et réalisait un tirage par contact sur le film cinématographique positif qui était ensuite découpé pour la création de diapositives. On obtenait donc les négatifs, les diapos et aussi tous les tirages dont on avait envie. (Les sujets de mes photos, les skateurs, étaient très friands de photos et je leur en donnais sans compter.) Les négatifs et les diapos étaient inclus dans le prix du développement et c'est en grande partie ce qui a motivé mon choix — le prix était modique et permettait le tirage d'un grand nombre de clichés. Mais j'en suis aussi venu à apprécier la qualité visuelle du film. Sur les premières pellicules de RGB, surtout celles des débuts autour de 1975, les couleurs ont rapidement perdu leur éclat. La qualité du film s'est améliorée par la suite, mais sur les anciennes diapos les couleurs ont passé avec le temps.

Avec le recul des années, je me dis que c'était le bon choix de pellicule. C'était parfait pour l'époque. J'ai pu économiser de l'argent et c'était pratique d'avoir le laboratoire à côté de chez moi, mais j'apprécie maintenant l'aspect rétro du film. Un développement poussé révèle une texture grenue et j'utilisais fréquemment ce procédé pour les scènes tirées en fin de journée ou les scènes de mouvement. Ce type de pellicule crée une impression de douceur — elle n'est ni brouillée ni floue, mais douce — au contraire d'une pellicule Ektachrome ou Kodachrome. Quand j'avais envie de tons plus durs, plus nets et plus lumineux, j'utilisais un chrome, mais j'aimais bien l'aspect des pellicules cinématographiques.

SC : Certains des adolescents dont les photos sont dans ce livre sont devenus des skateurs reconnus, bien sûr, mais vous souvenez-vous de quelques uns d'entre eux ? En connaissez-vous encore certains ?

HH : Oui, c'est vrai, certains des skateurs que j'ai photographiés avaient un très bon niveau et ils ont rapidement rejoint les rangs des professionnels et des célébrités du skateboard. Dès 1976, un Jay Adams ou un Stacy Peralta, tous deux membres des Dogtown Boys, connaissaient déjà la renommée. D'autres comme Kent Senatore et Jerry Valdez sont devenus célèbres plus tard. Kent et Jerry étaient tous deux originaires de Laurel Canyon. Je ne me rendais alors pas compte de la rapidité de leurs progrès, mais ils sont très vite devenus des pros. Pendant cet âge d'or du skateboard, un grand nombre de ces professionnels étaient simplement des gamins doués et casse-cous à qui on a fait des offres quand un afflux d'argent a été disponible pour ce sport.

J'ai gardé un contact plus ou moins régulier avec quelques uns d'entre eux.

SC : De quels changements avez-vous été témoin pendant la période où vous avez photographié les skateurs ? Que se passait-il ?

HH : C'était impressionnant, l'évolution a été très rapide en l'espace de trois ans.

En 1975, les skateurs utilisaient principalement les bassins du canyon et commençaient à se réunir dans les cours d'écoles comme Kenter et Paul Revere. Ces cours étaient parfaites avec leurs plateaux d'asphalte et leurs grands espaces plats. Vers 1976, les piscines sont devenues le nouveau terrain de jeu, les skateparks sont ensuite apparus et des compétitions de plus en plus importantes ont été organisées. En 1977, le sport est devenu commercial.

Quand je regarde les photos que j'ai prises à l'époque, il y a environ 35 ans, je distingue immédiatement celles qui datent de 75, 76 ou 77, uniquement par l'habillement des skateurs et par le type de skating qu'ils pratiquent. Ces années ont connu un changement marquant en trois ans avec la commercialisation du sport. Les fabricants, les skateparks et les assurances sont devenus présents sur la scène. L'équipement s'est spécialisé avec l'apparition des casques, des genouillères, des coudières, des chaussures, de tout ce qu'on peut imaginer porter en skatant, comme c'est le cas pour n'importe quel autre sport. Au début, les skateurs étaient souvent pieds nus et ne portaient pas de casque (ce n'était pas idéal pour leur sécurité mais les photos étaient bien plus belles) mais dès la fin 1977, c'était beaucoup plus rare et la plupart des skateurs étaient harnachés dans leur équipement.

Aujourd'hui, à côté des professionnels et des athlètes de sports extrêmes, on voit encore beaucoup de gamins sur leur skateboard dans leur quartier, et on rencontre aussi des adultes qui utilisent le skate comme moyen de transport. C'est une pratique devenue courante, mais à l'époque ça se limitait à quelques adolescents, surtout des garçons, partis à la découverte de sensations complètement nouvelles.

A mon arrivée sur la scène, l'apparition des roues en polyuréthane a ouvert la possibilité des trajectoires verticales, ce qui était incroyablement enivrant — les skateurs parlait de « get air » [*arriver à être en suspension dans l'air*] ou « go for coping » [*s'envoler vers la corniche*] dans les piscines vides.

La Californie a connu la sécheresse dans les années 1976-77, beaucoup de piscines ont été vidées et de grands espaces sont ainsi devenus disponibles. On pouvait y pratiquer le style vertical et tous ces ados se sont mis à la recherche de piscines vides en escaladant des palissades. J'étais à leurs côtés, allongé sur le dos au fond de la piscine.

Ces deux éléments — les roues en polyuréthane qui assurent une meilleure traction, et la sécheresse en Californie qui vida les bassins et les piscines — ont rendu ces années idéales pour l'éclosion d'un sport radicalement nouveau et pour l'imagerie qu'elle inspira et dont je fus le témoin actif.

SC : Comment en êtes-vous arrivé à cesser de photographier les skateurs ?

HH : Je ne sais pas vraiment, ça a juste prit fin. En y pensant, je me dis que c'est en raison de l'orientation commerciale qu'avait adoptée ce sport ; je prenais moins de plaisir à photographier. L'esprit avait changé, le sport était devenu professionnel et lucratif et avait perdu sa spontanéité. L'année 1975 avait été la plus spontanée, tout au moins telle que je l'ai vue à travers mon objectif. L'année suivante, 1976, a été plus intense car l'activité s'est développée et tout le monde a commencé à participer. Cette année là a été passionnante.

Vers 1978, la période du skateboard s'est terminé petit à petit pour moi, je ne sais pas bien pourquoi mais j'ai arrêté progressivement. J'avais probablement d'autres préoccupations professionnelles et personnelles à cette époque, mais je crois aussi que l'aspect visuel de ce sport n'était plus le même, il ne semblait plus aussi libre et enthousiasmant. Ce qui m'avait attiré de prime abord avait changé de visage. Donc, en tout cas en ce qui me concerne, cette phase avait atteint une sorte d'aboutissement naturel.

SC : Que pensez-vous de ce travail aujourd'hui, avec le recul du temps ?

HH : J'aime de plus en plus ces images et, avec le passage du temps, ce sont chaque fois des photographies différentes qui me paraissent exceptionnelles. Des prises de vue que j'ai ignorées pendant des années sortent soudain du lot et deviennent mes préférées.

Ce travail que j'ai accompli pendant une brève période me semble aujourd'hui incroyable. Il représente une multitude de photos magnifiques. Je n'aurais jamais imaginé que cette activité menée par plaisir et un peu par facilité susciterait aujourd'hui autant d'intérêt.

J'ai eu la chance de me trouver au bon endroit au bon moment. [*Rires*] Rien de la sorte ne s'est produit ni avant ni après cette période pour un photographe qui aurait ma sensibilité esthétique. J'étais de plus attiré par l'énergie incroyable de ces ados et par la beauté qu'ils créaient. J'ai le sentiment d'avoir vécu un épisode très court, avec le commencement suivi de près par la fin. La pratique du skateboard s'est répandue comme un feu de forêt dans toute la Californie du sud. Je sais que c'était le cas ailleurs aussi, mais, en Californie, on avait l'impression d'être à la source et au centre de tout ce mouvement.

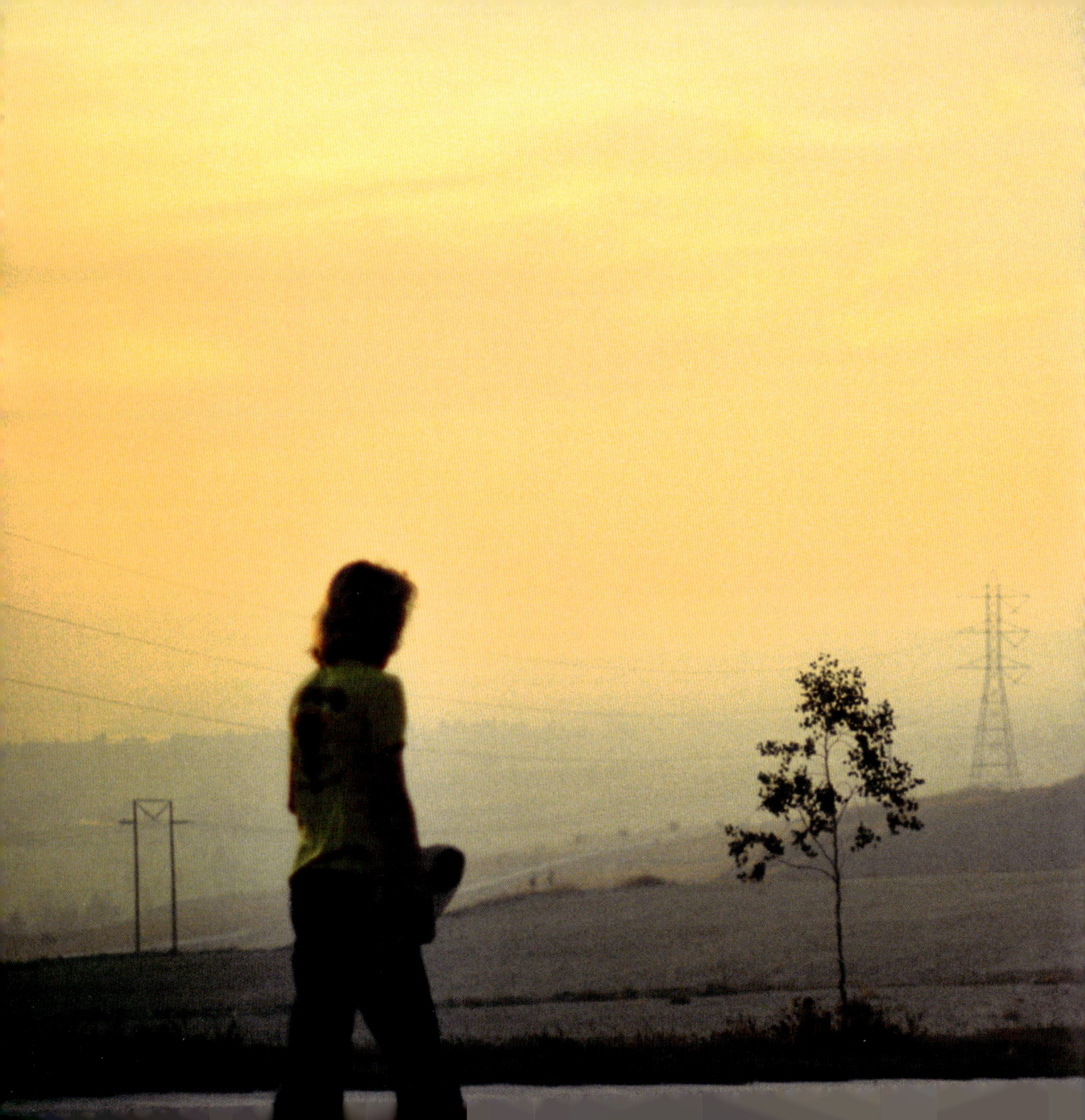

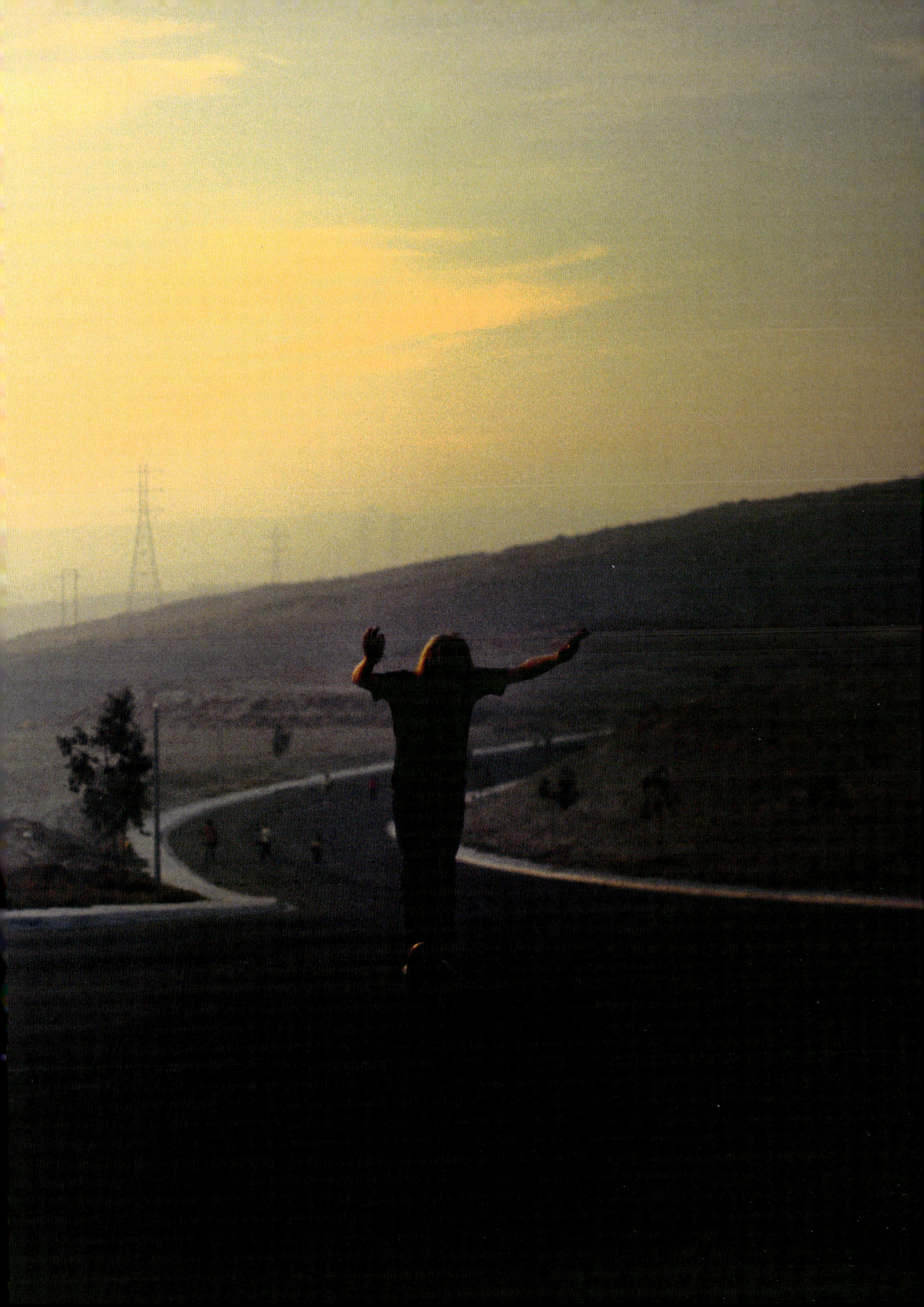

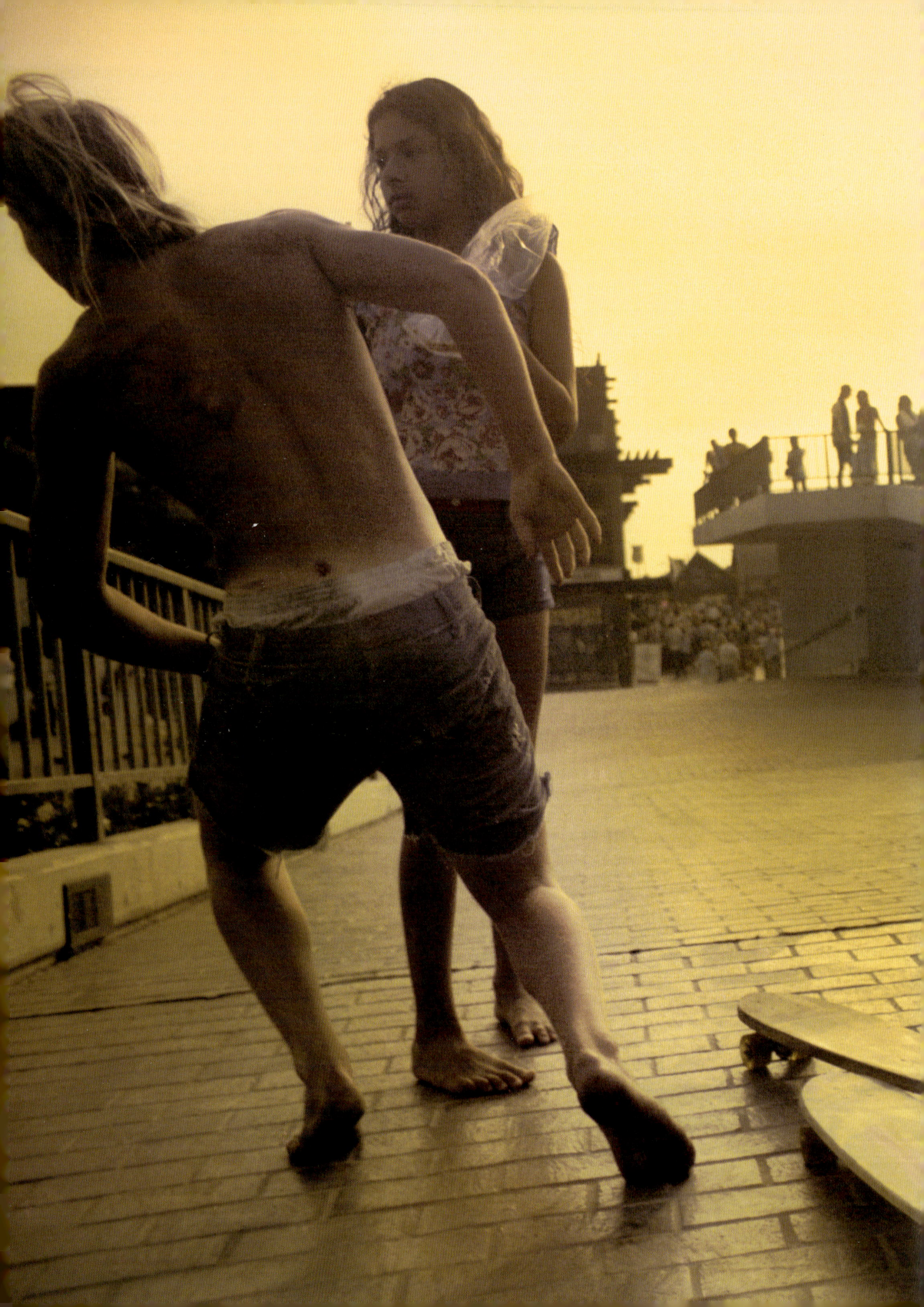

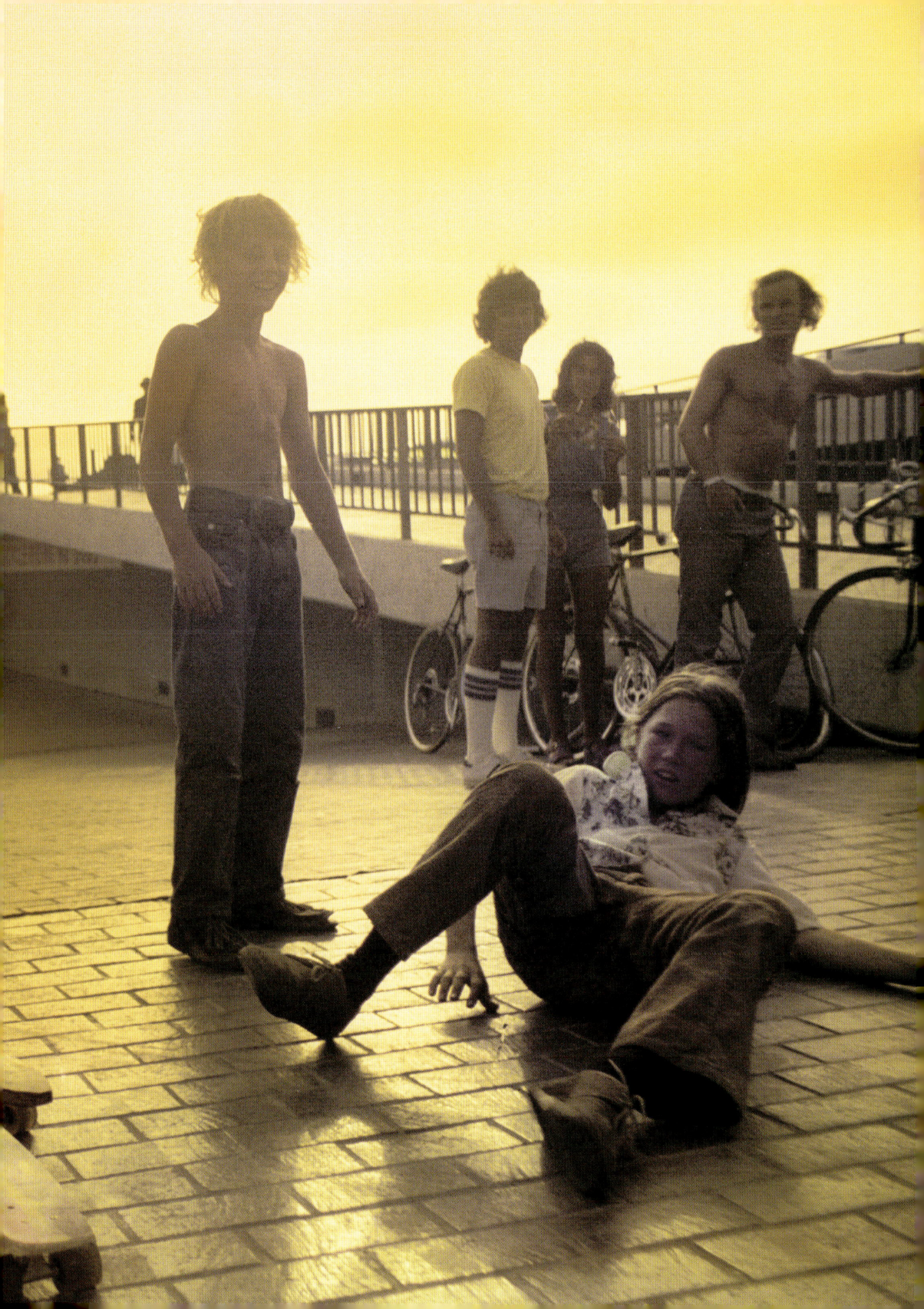

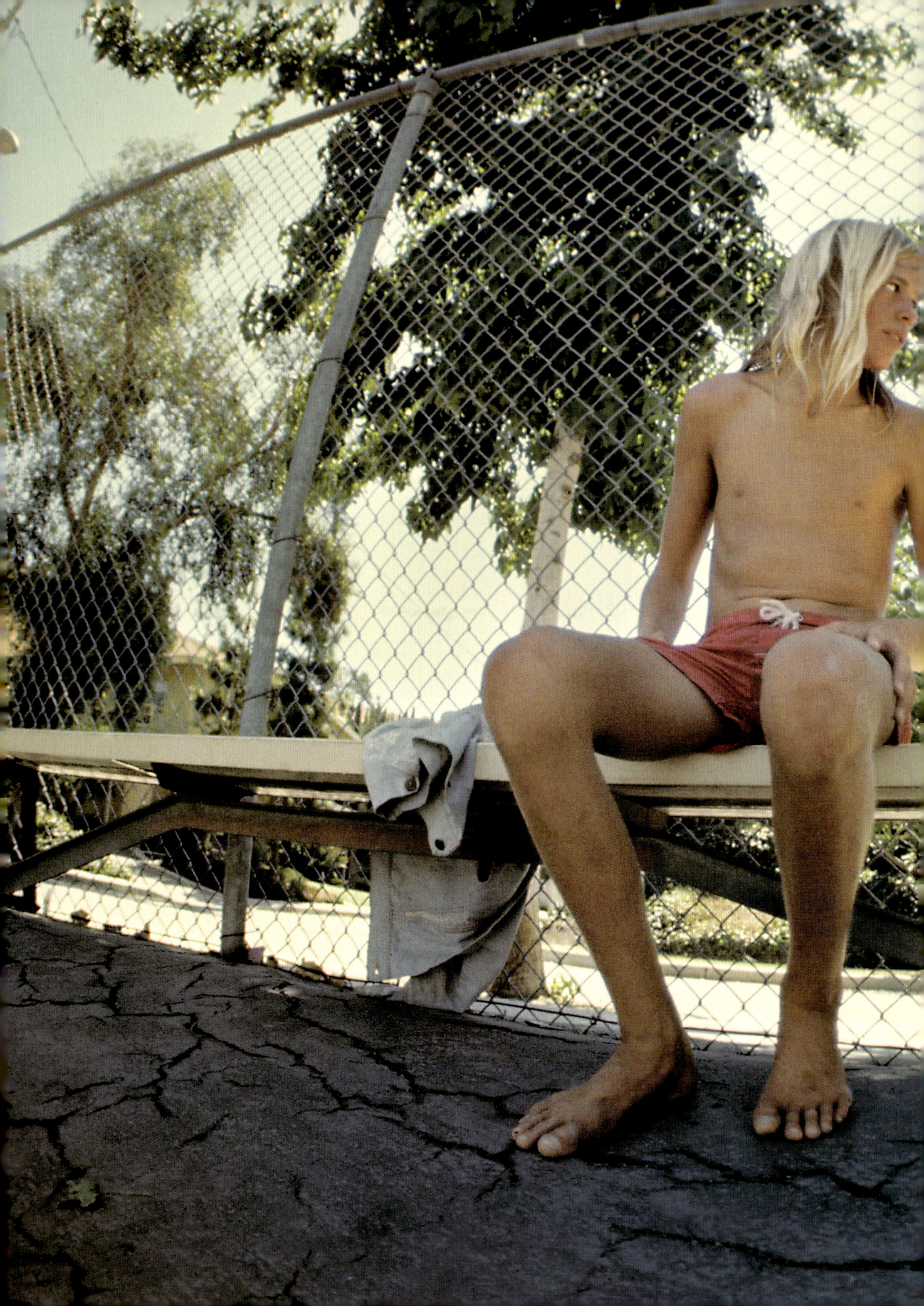

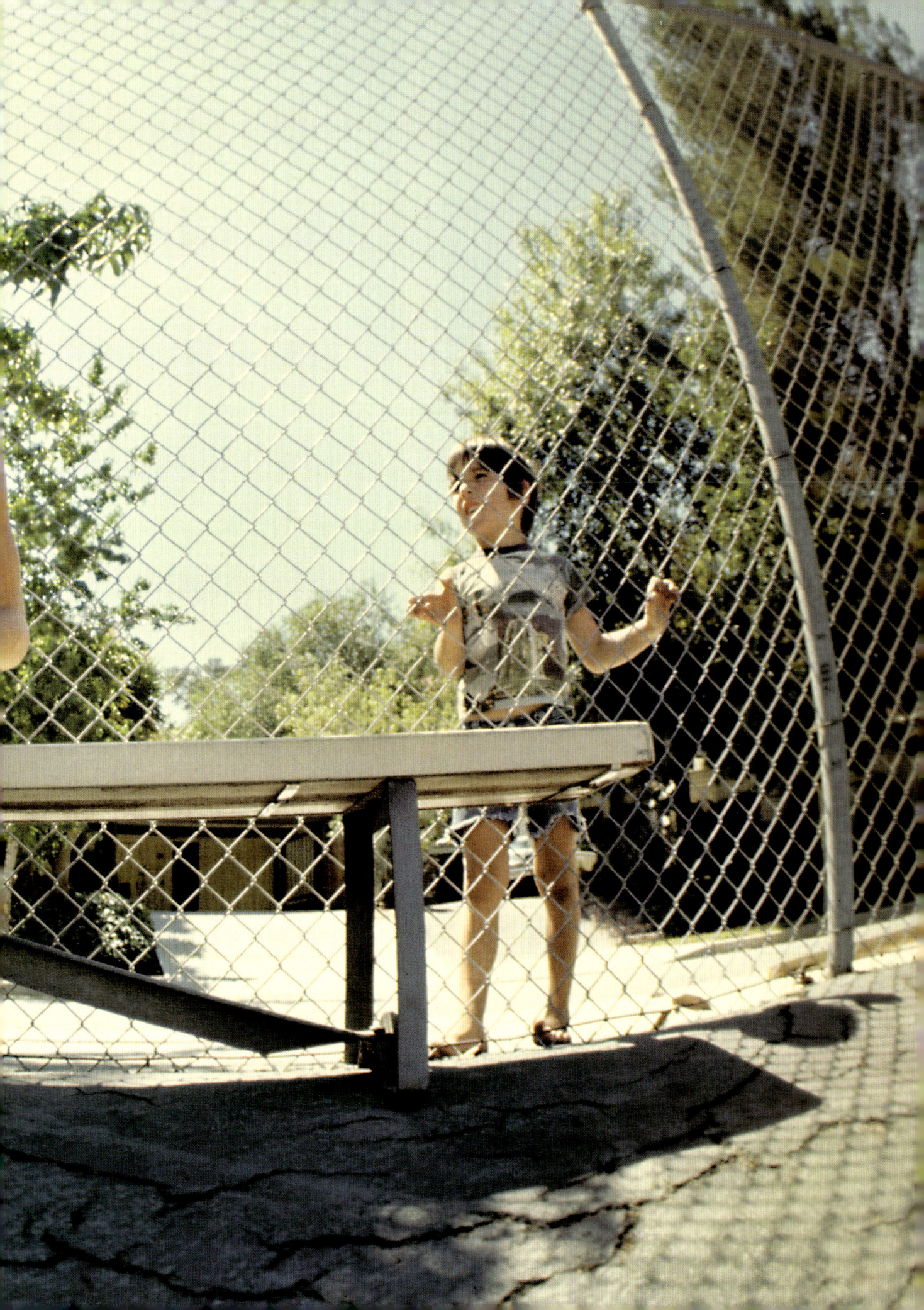

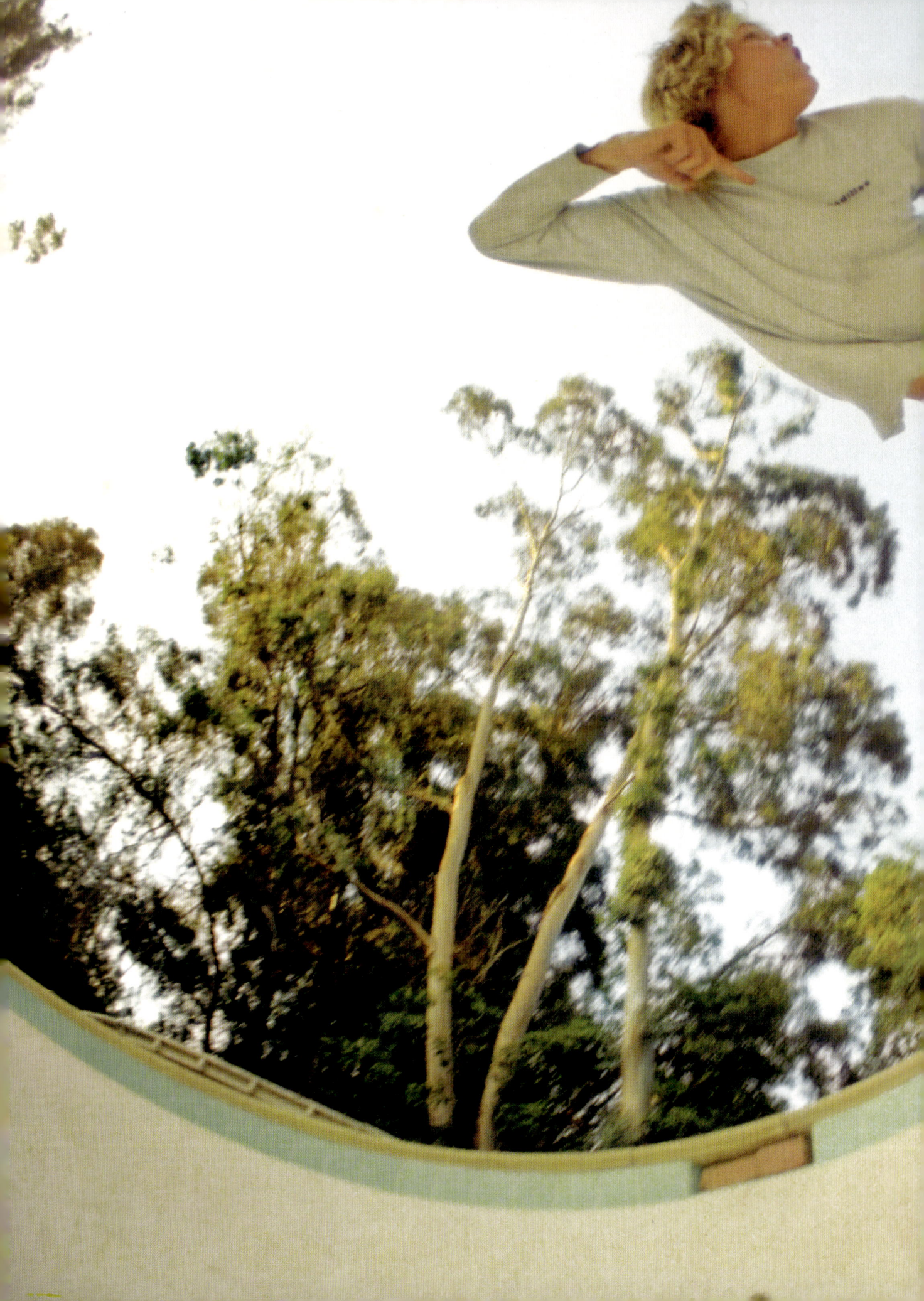

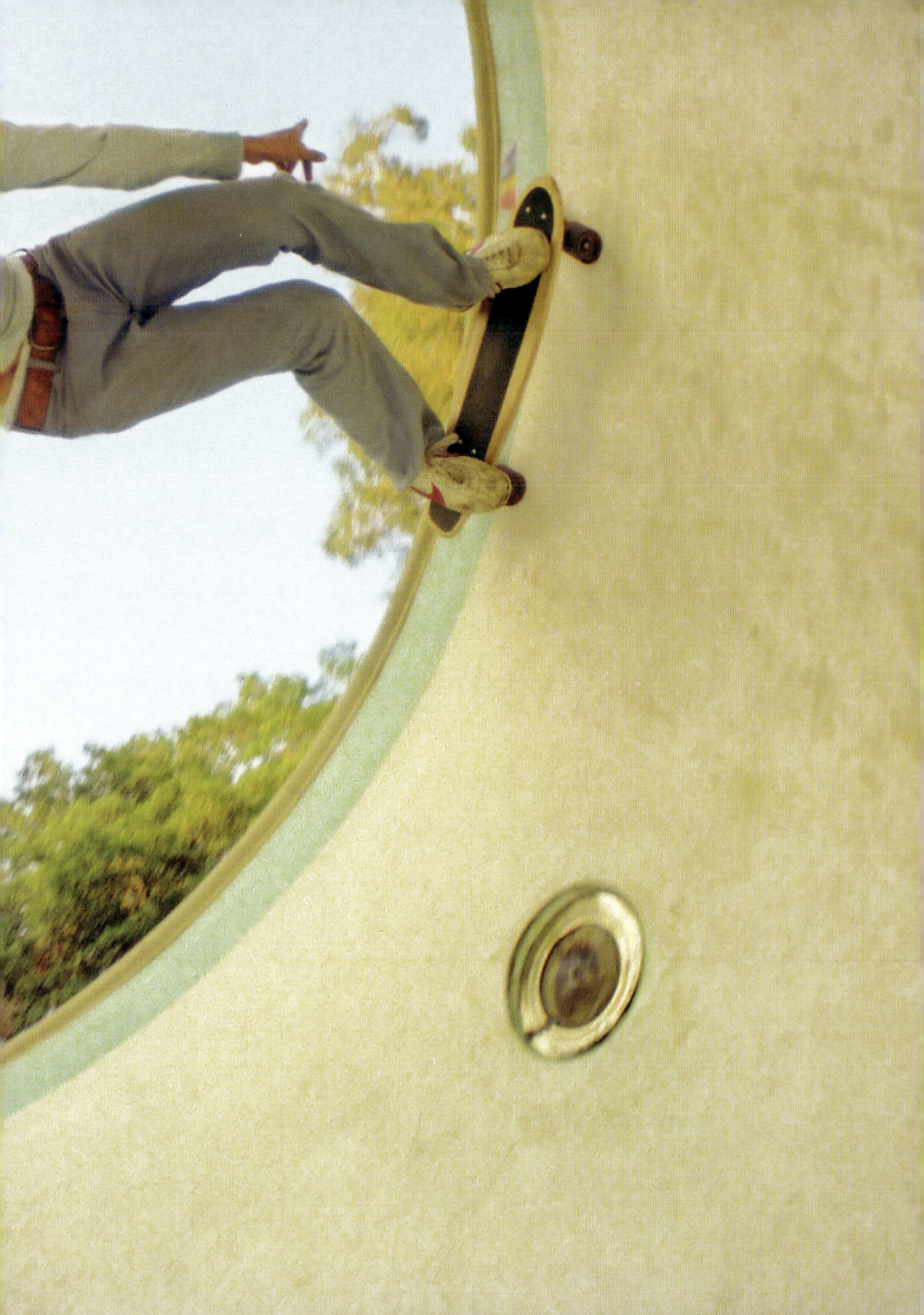

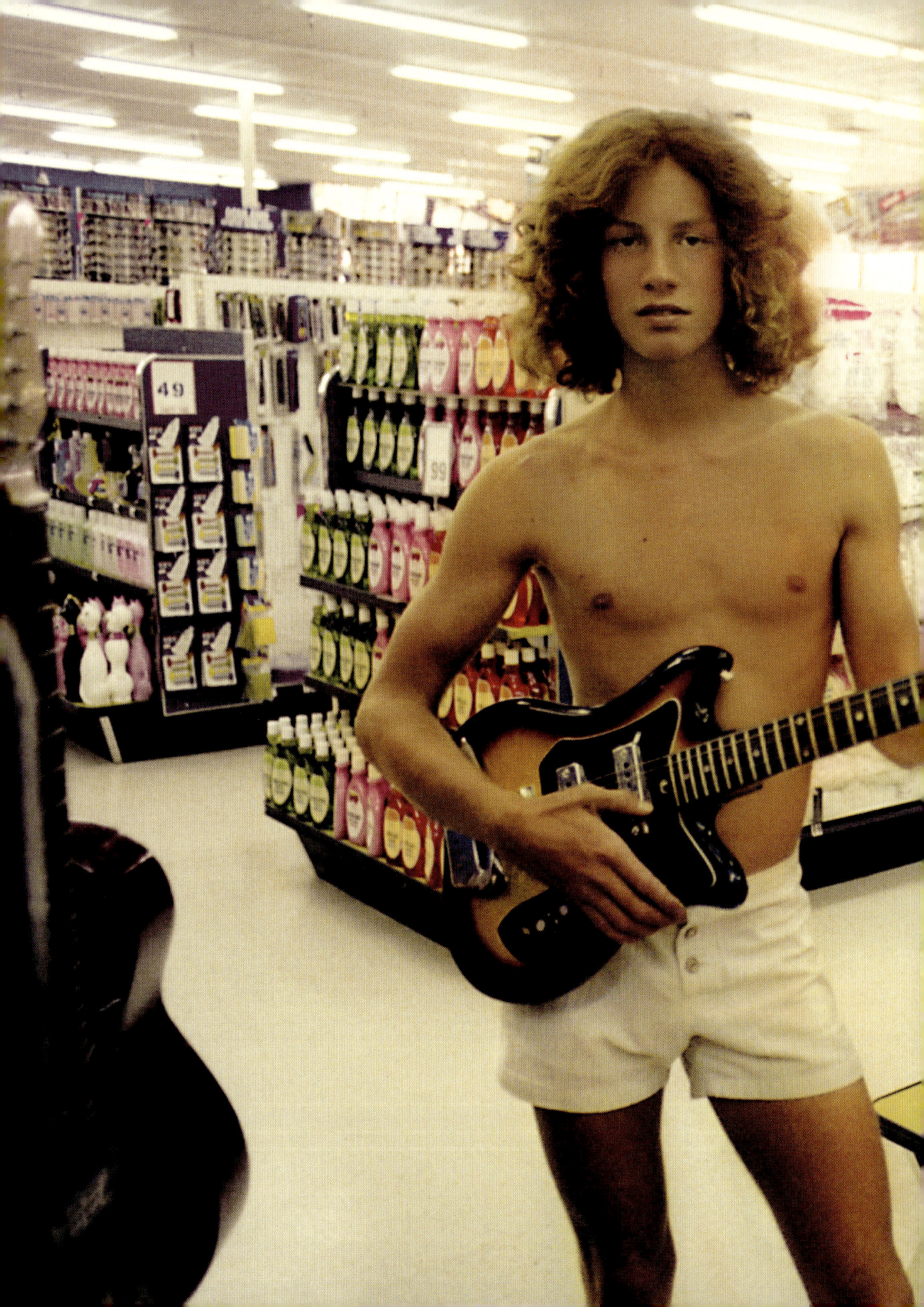

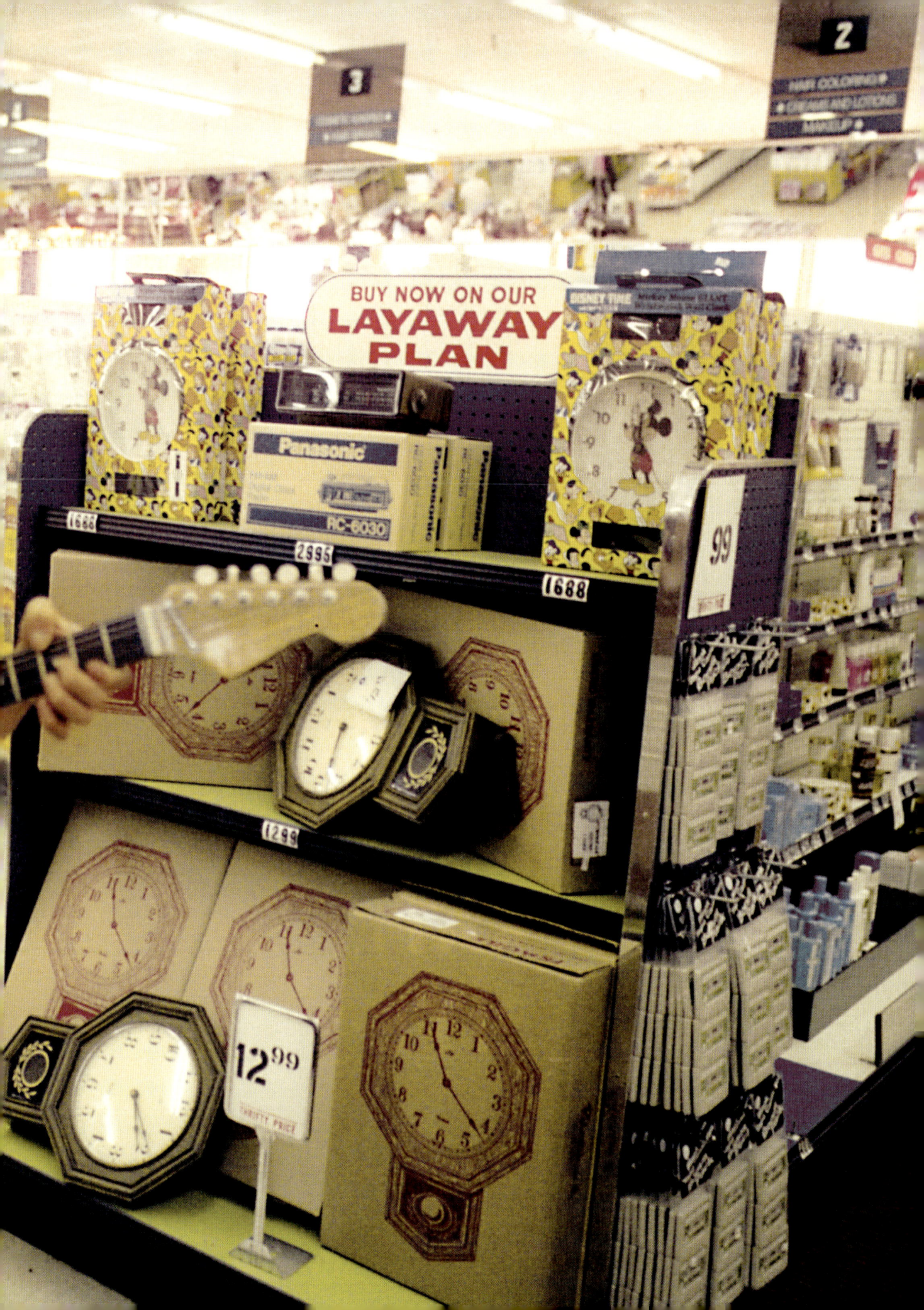

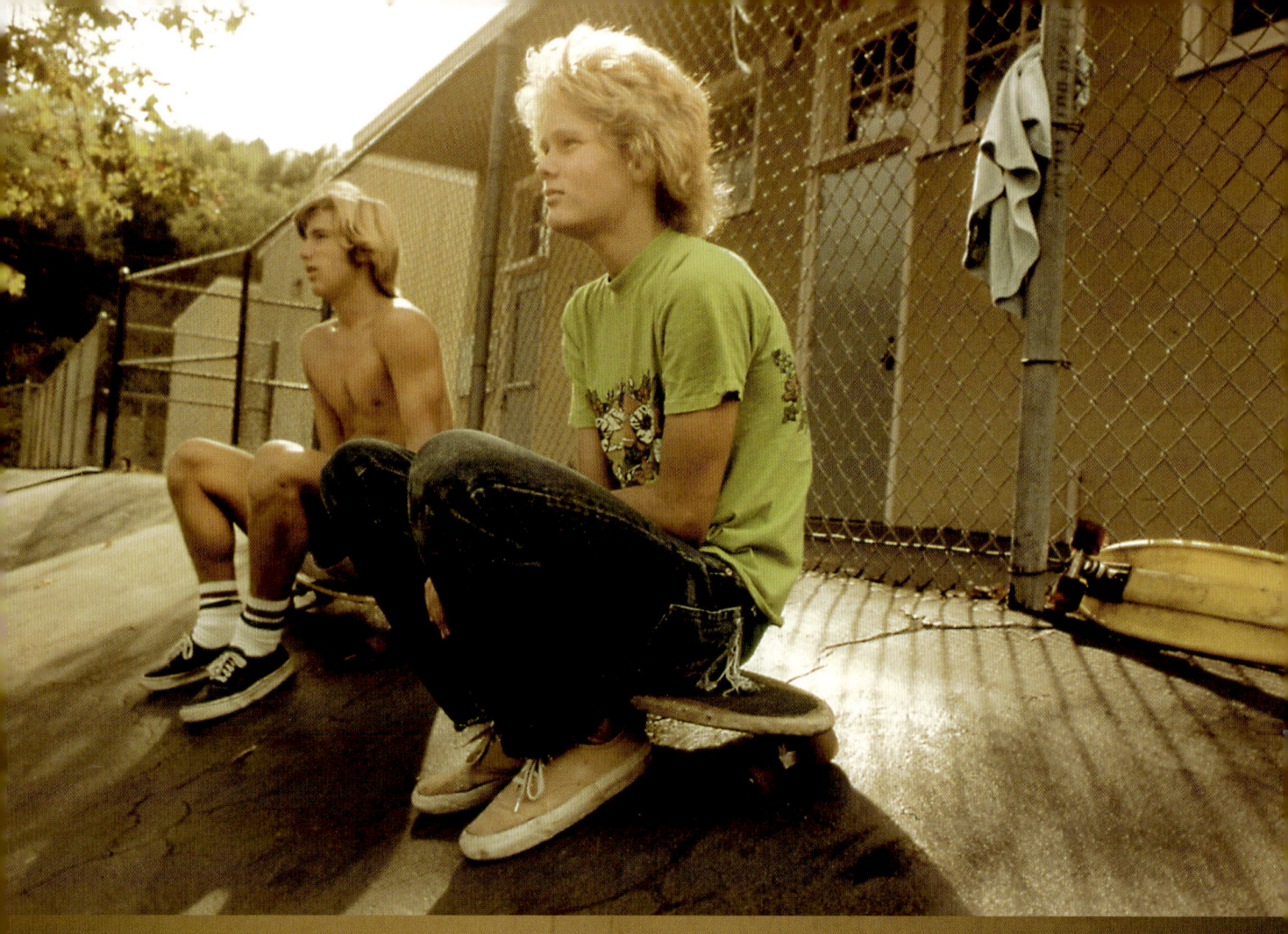

RIDING SKATE BOARD
PROHIBITED

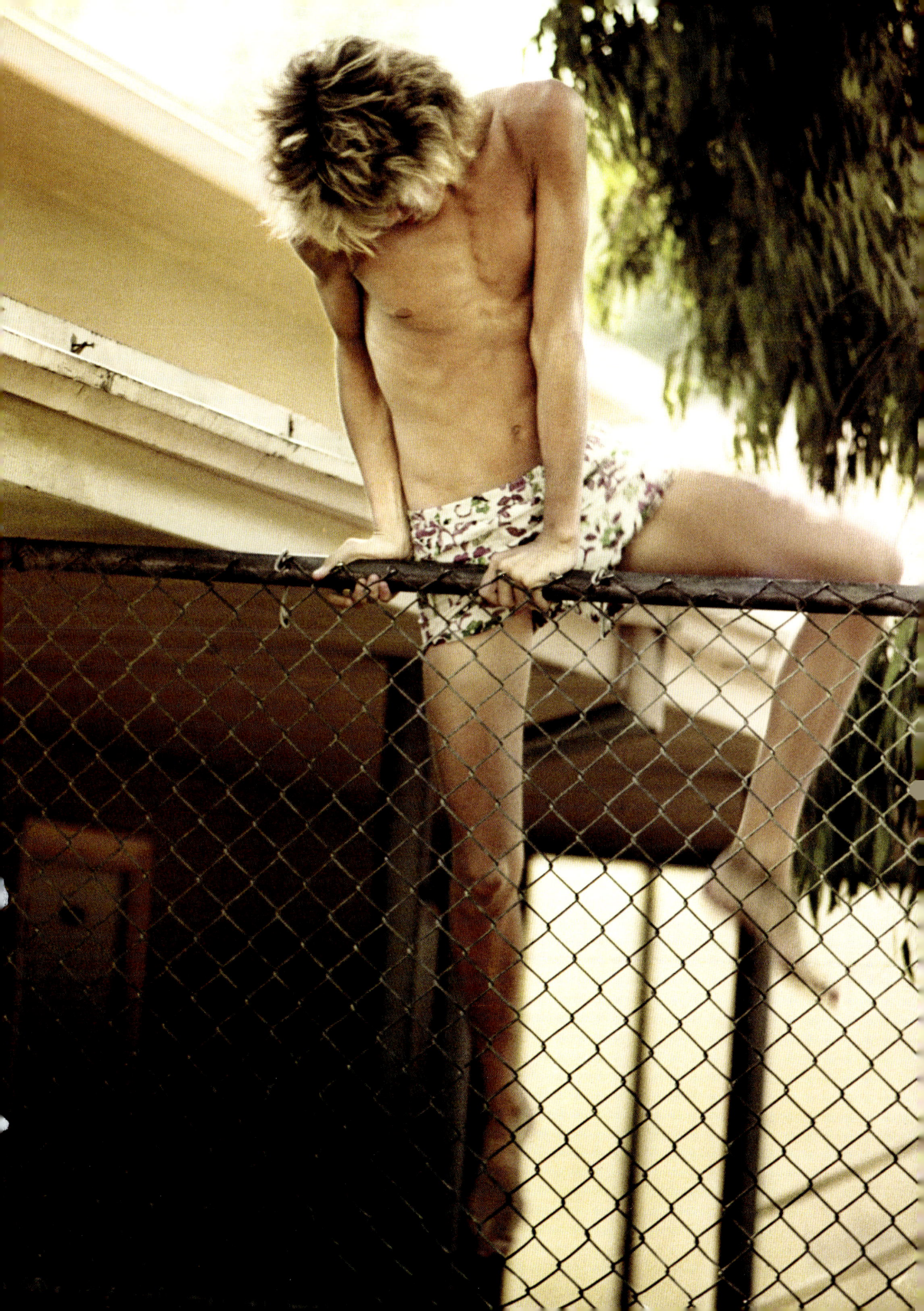

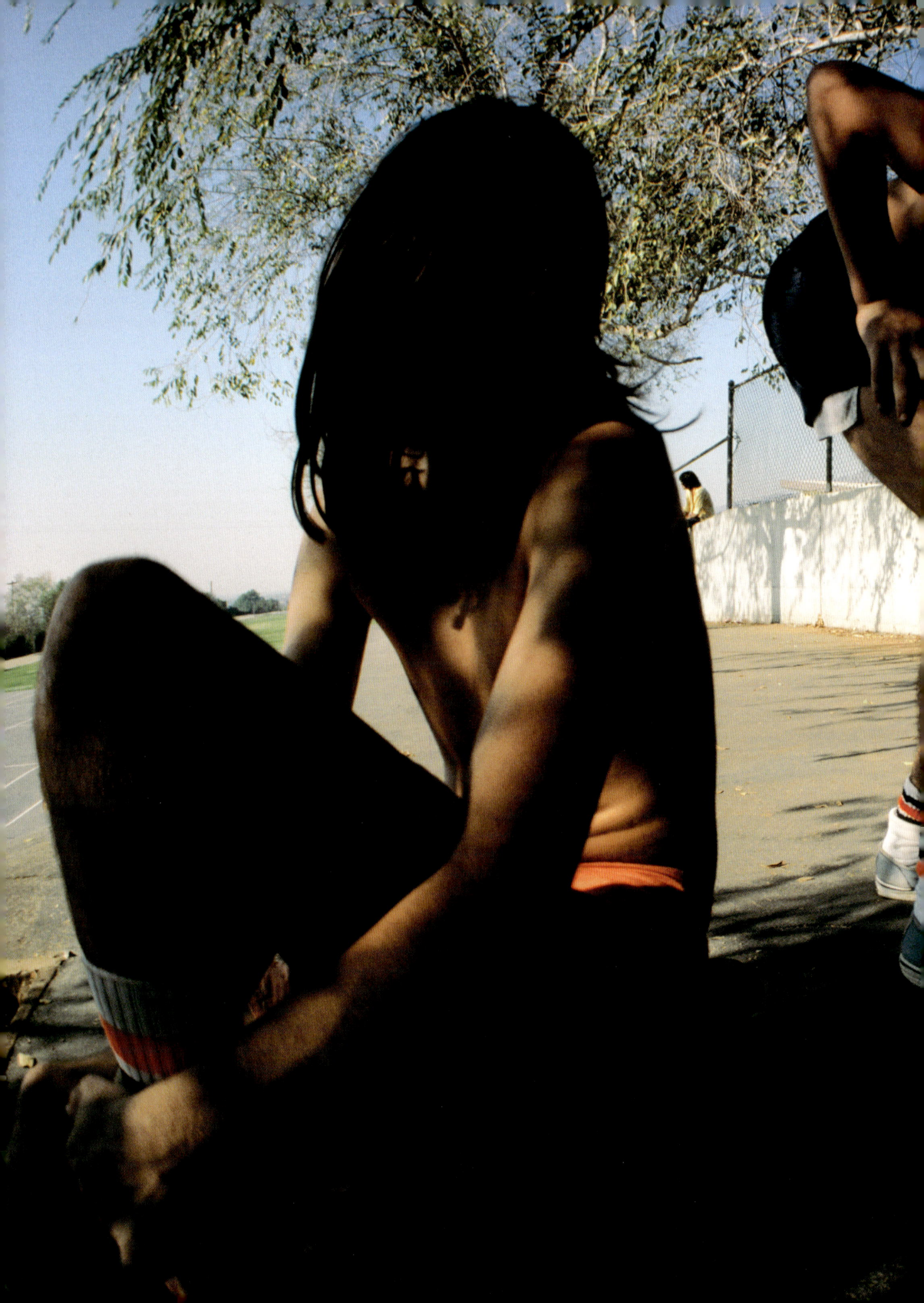

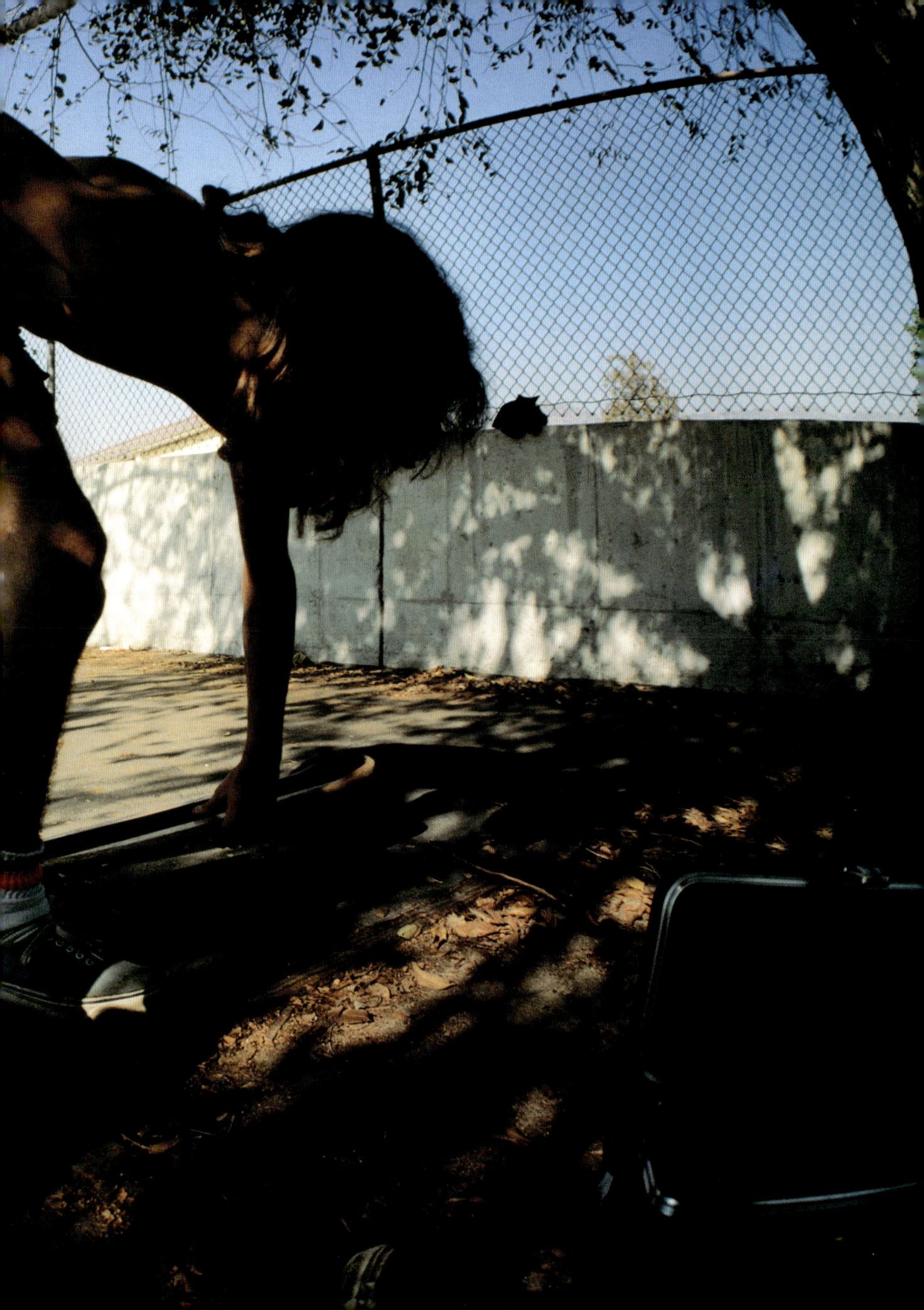

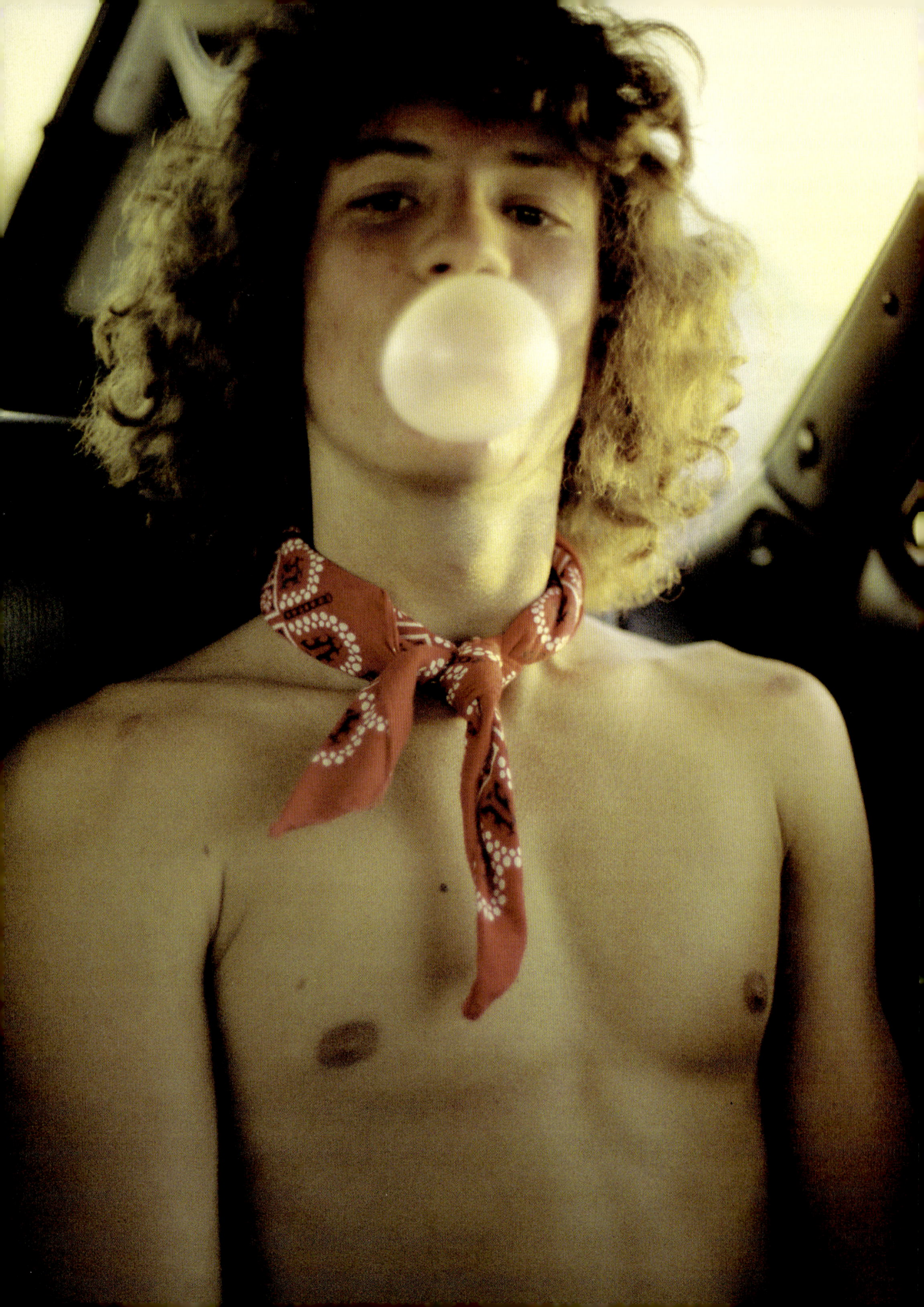

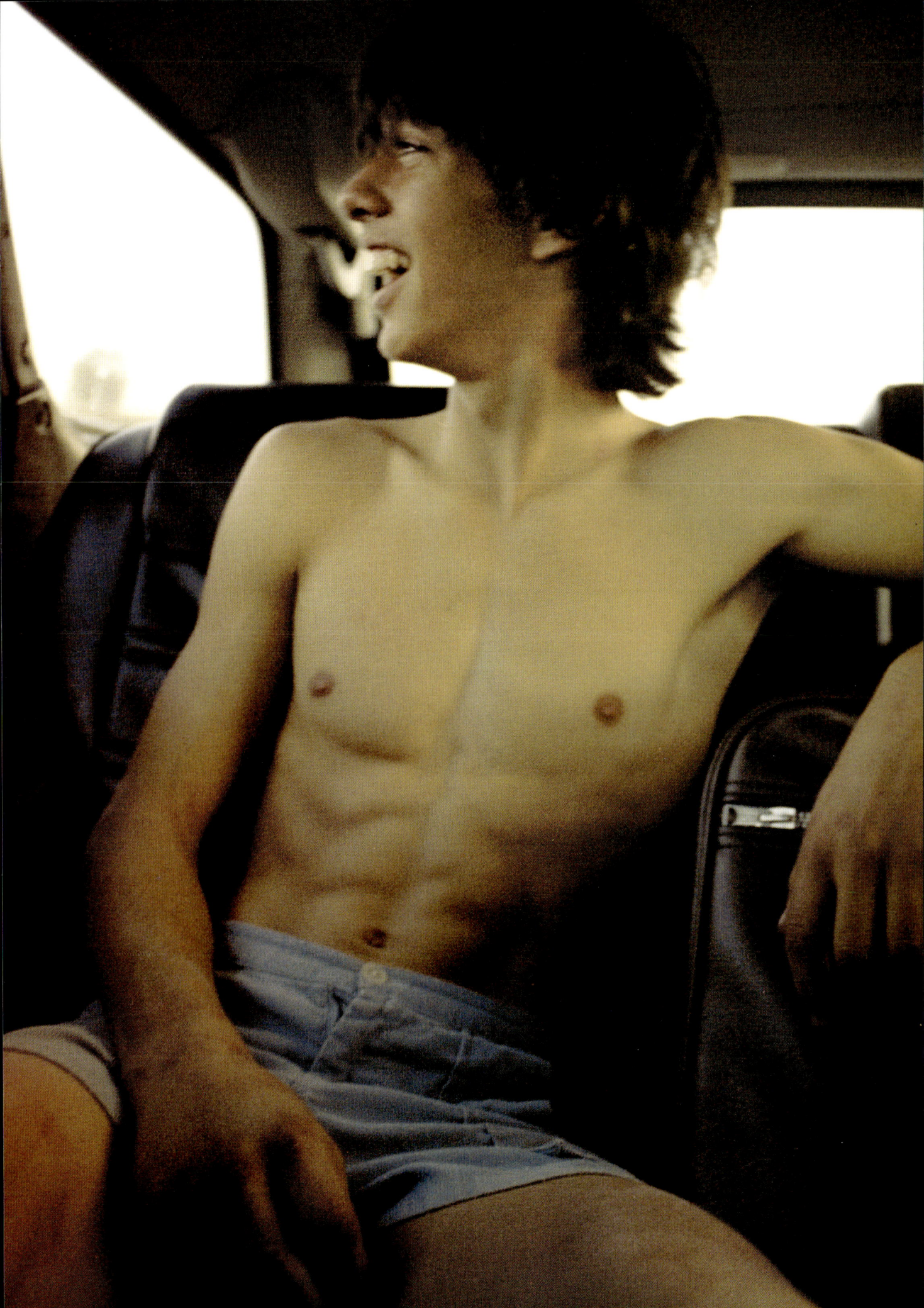

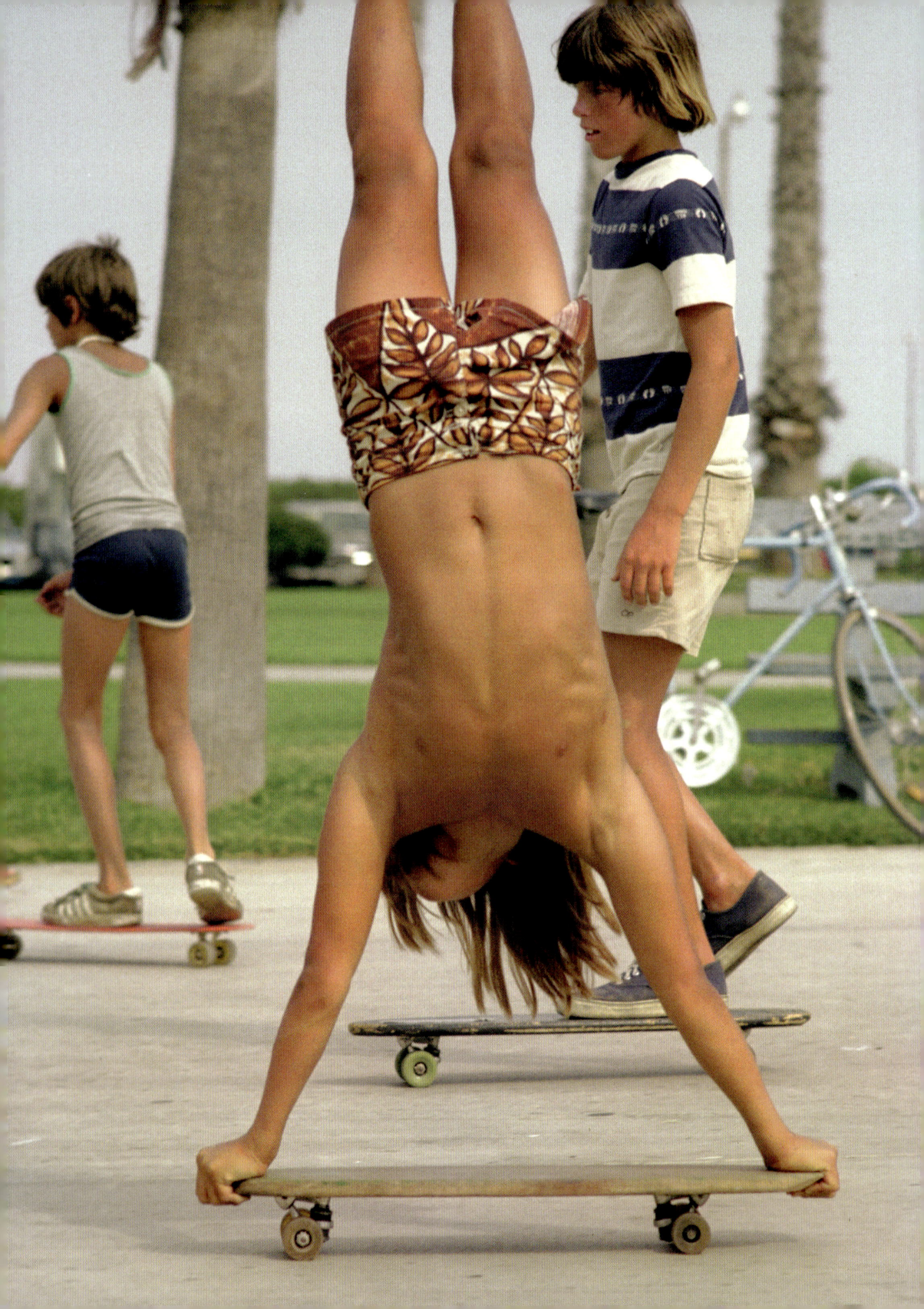

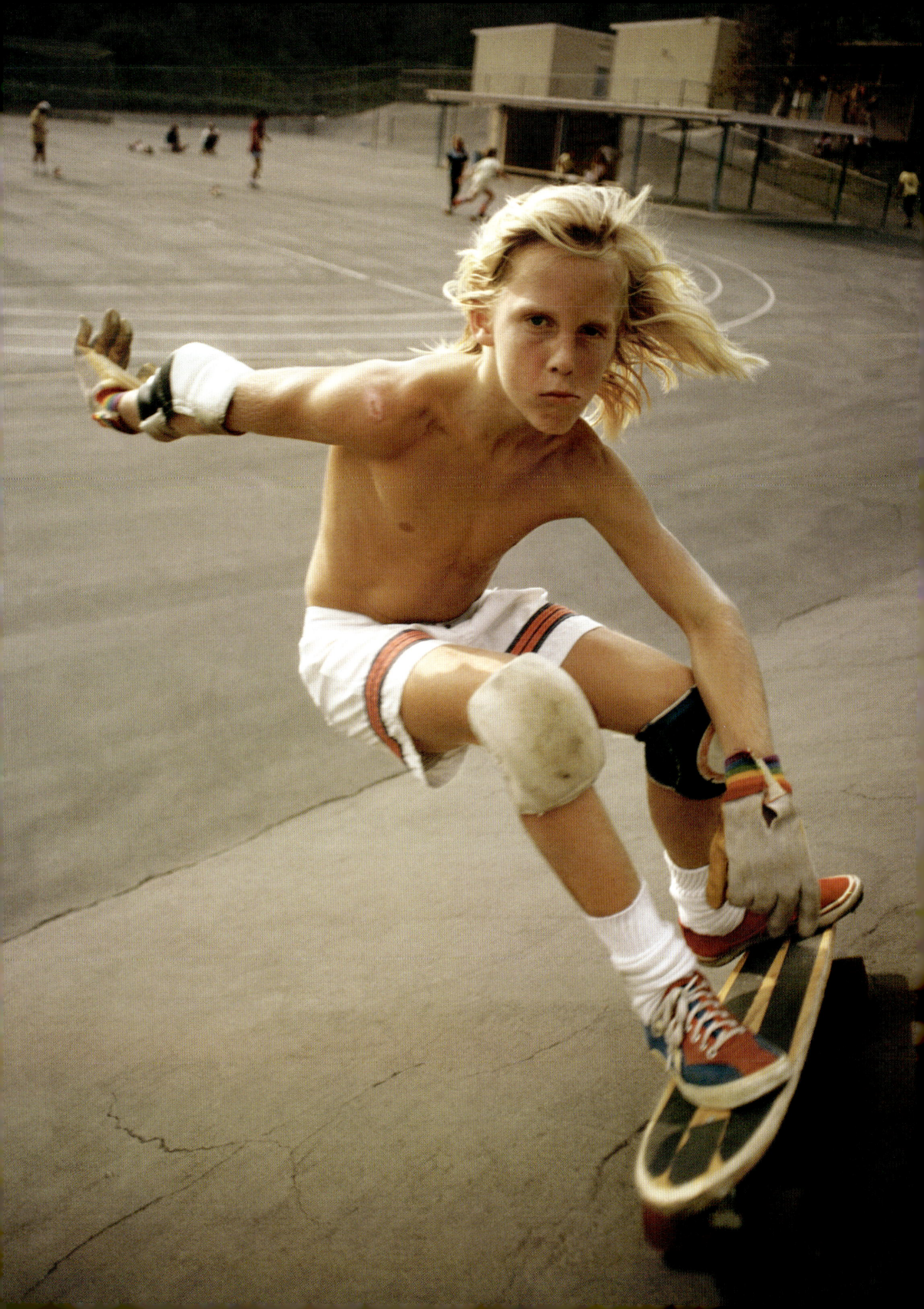

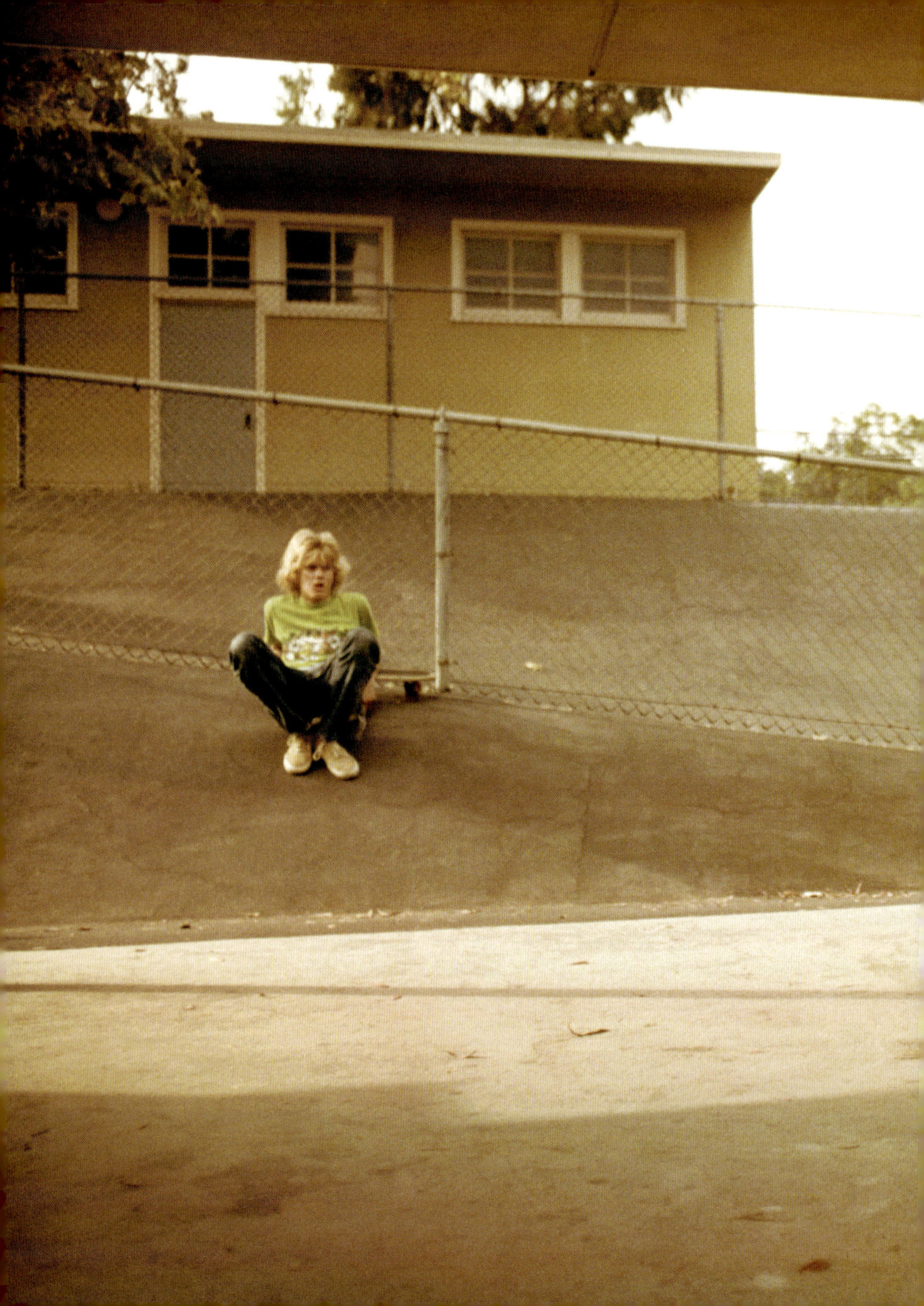

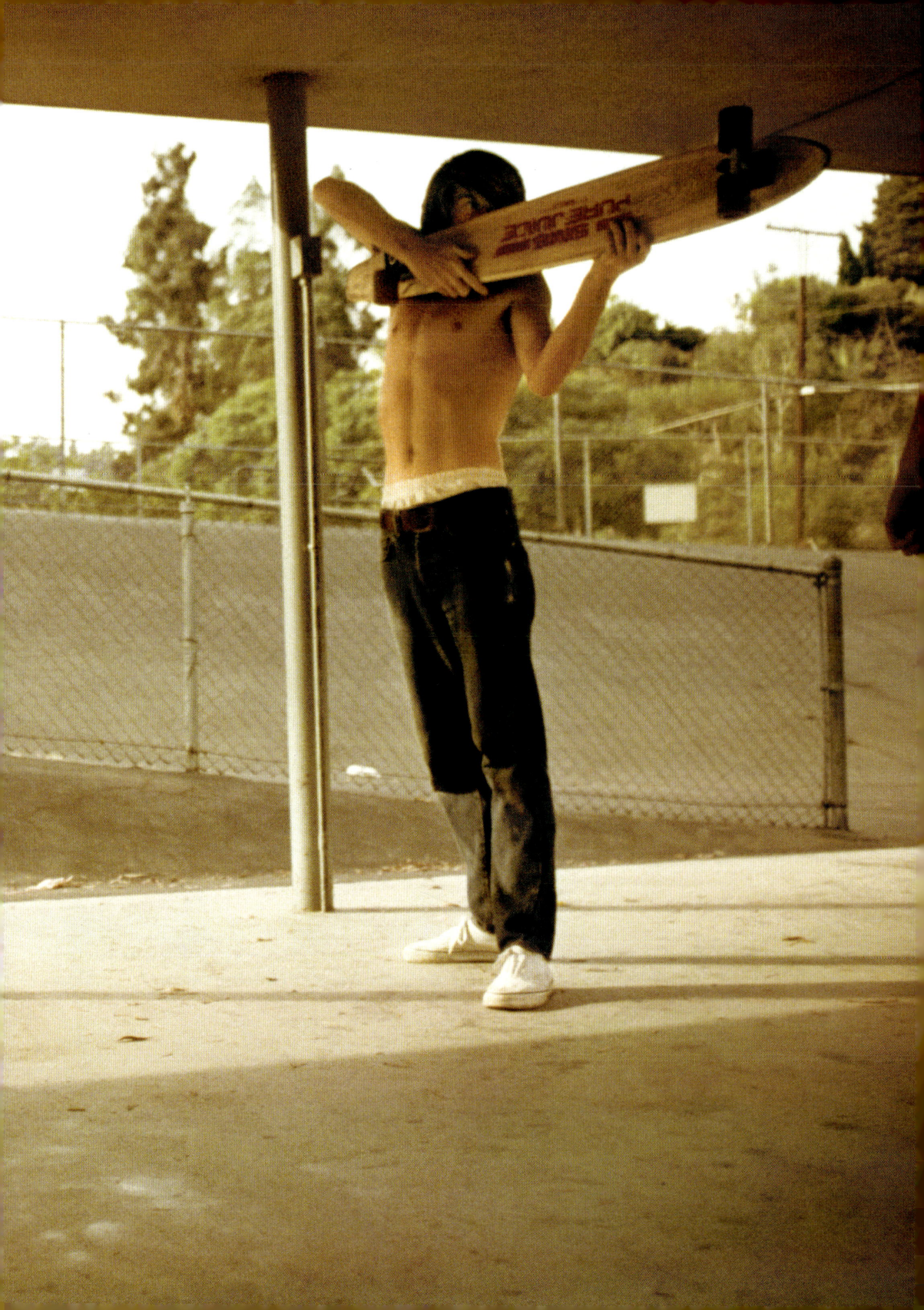

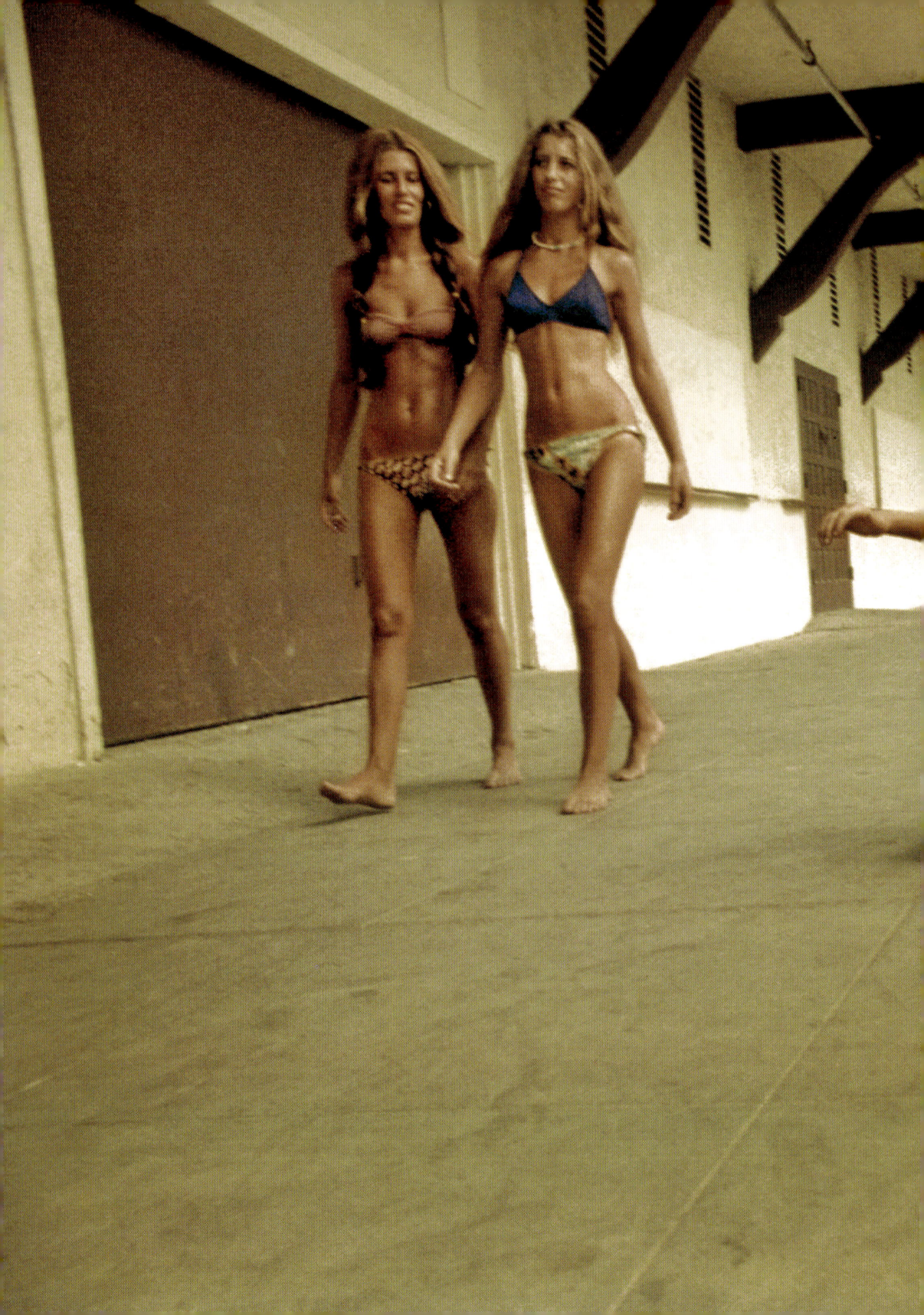

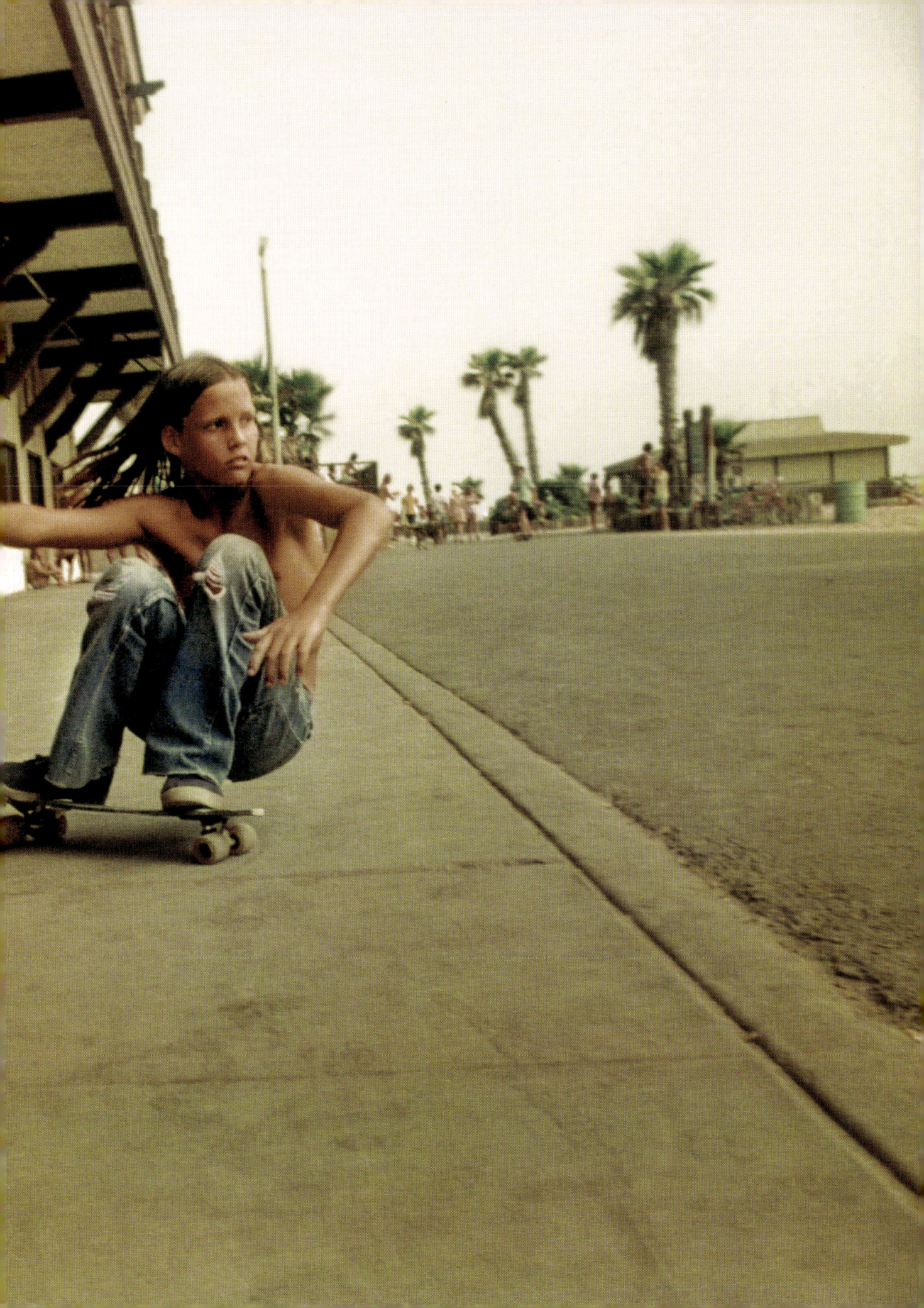

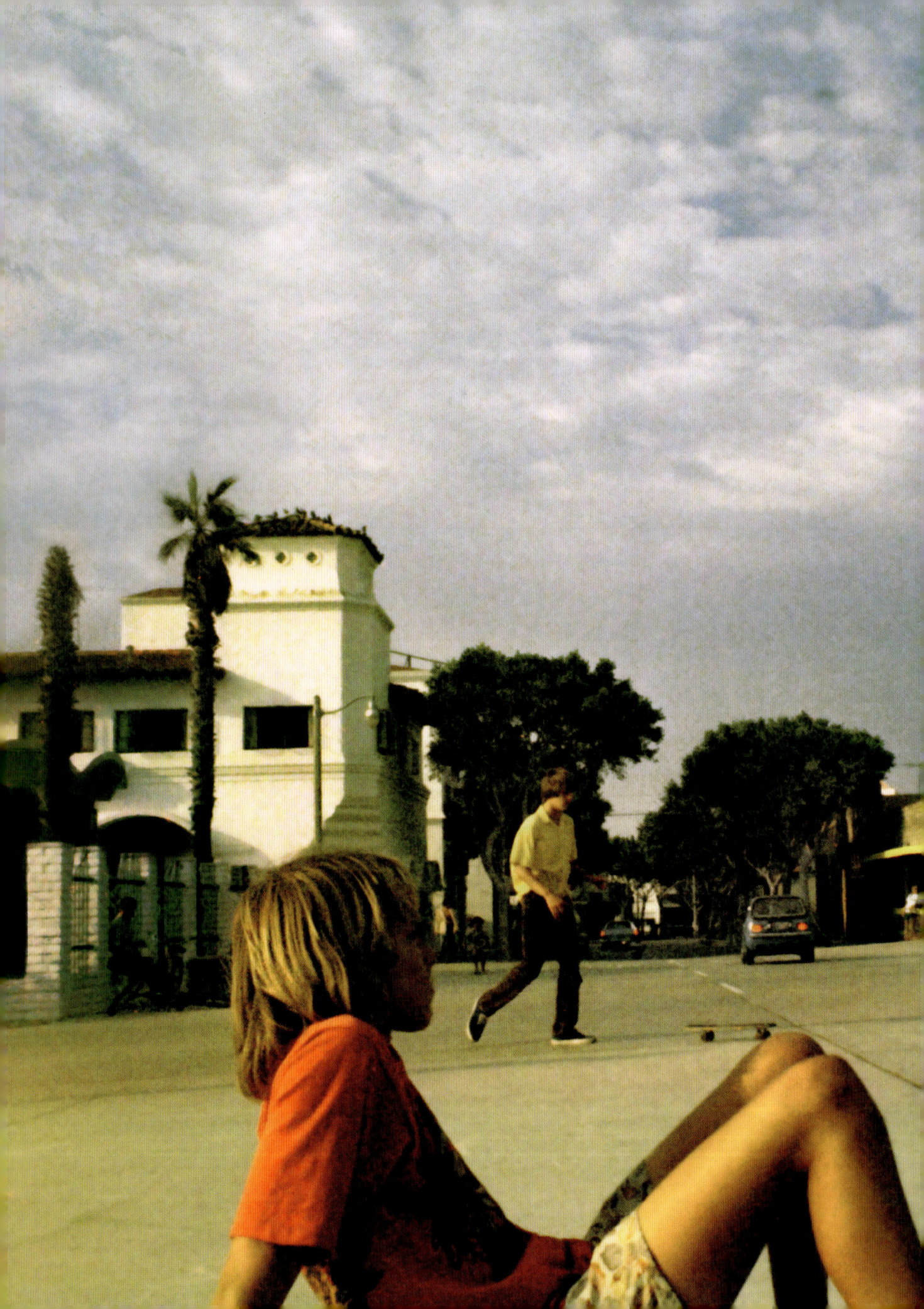

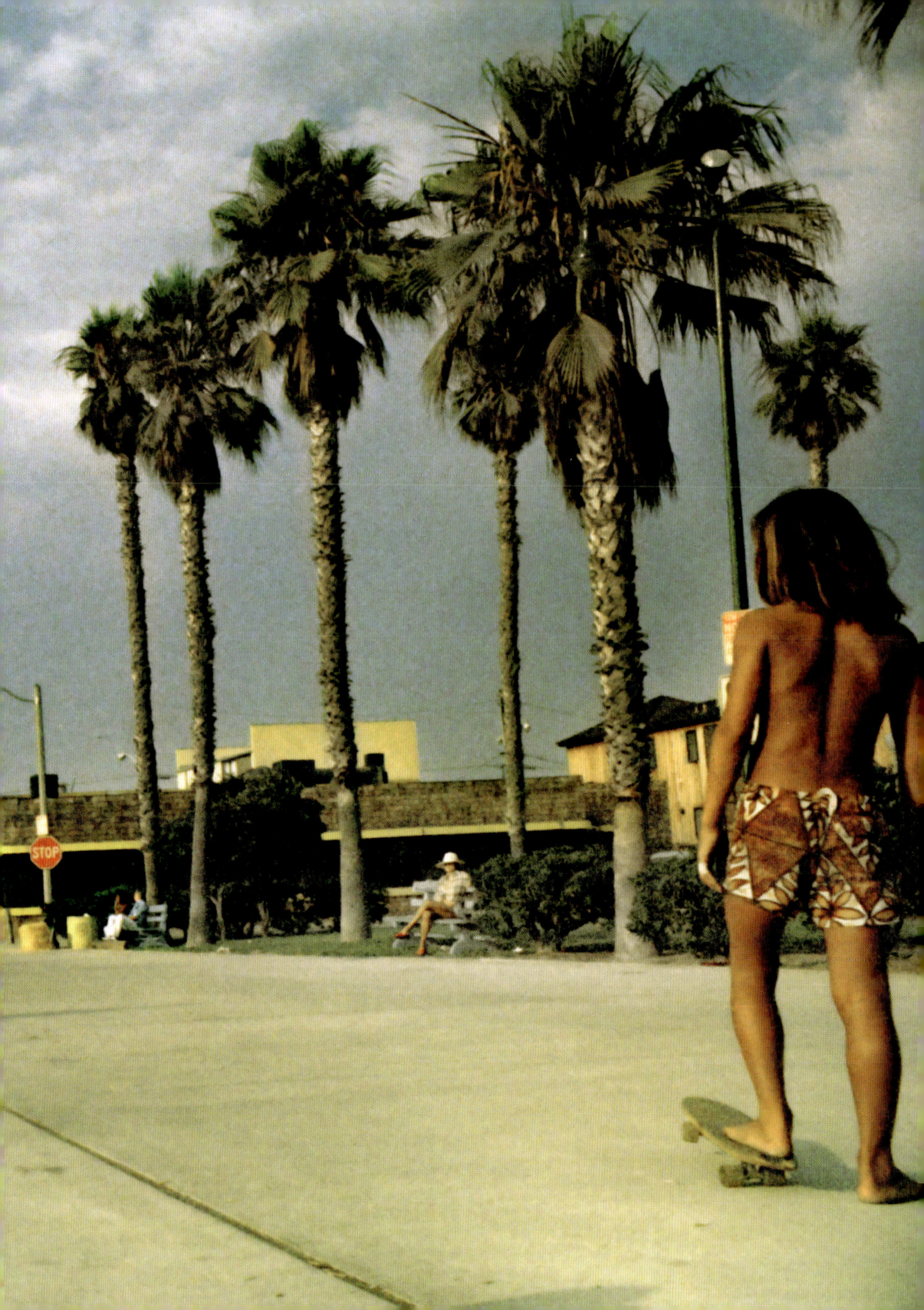

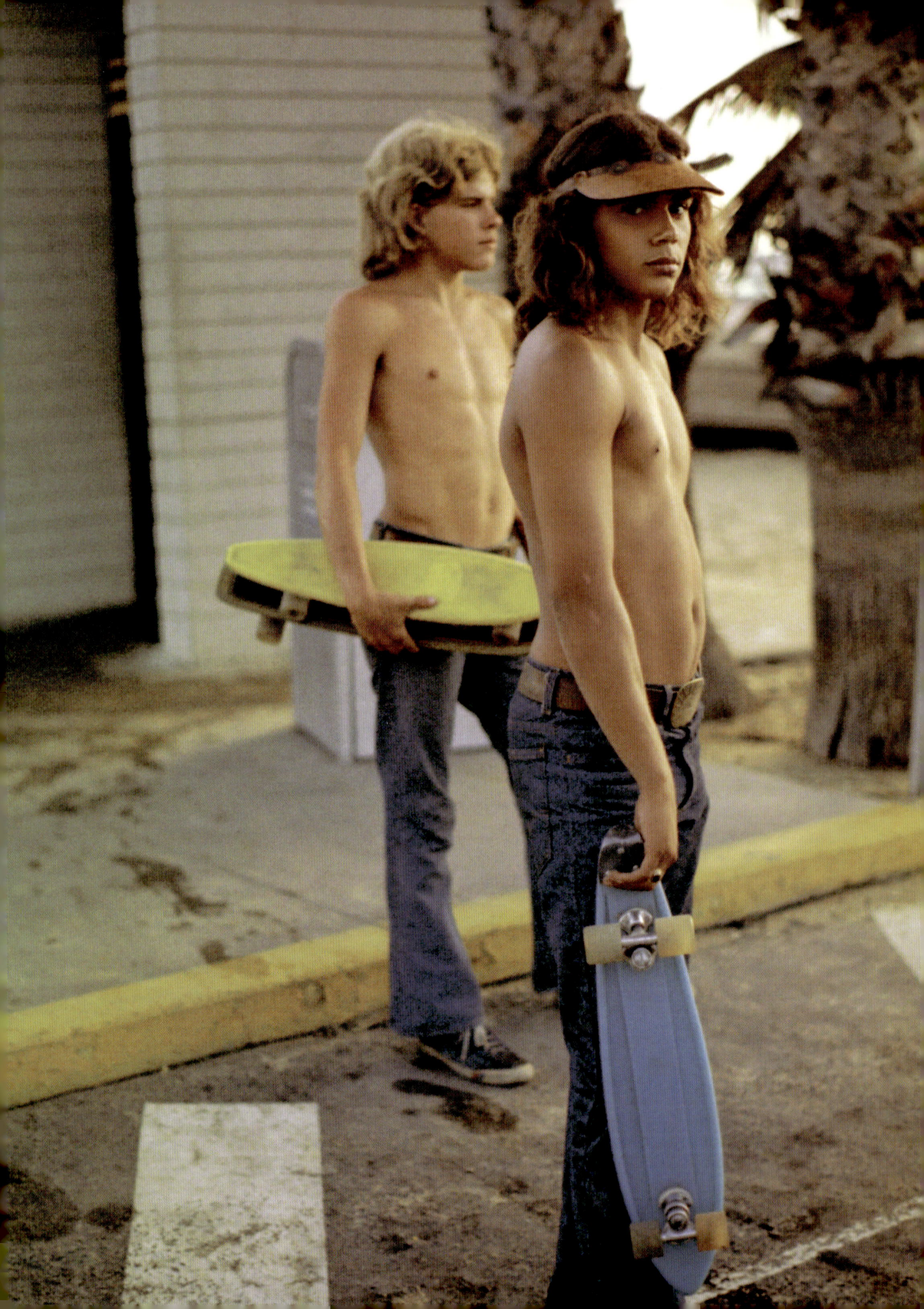

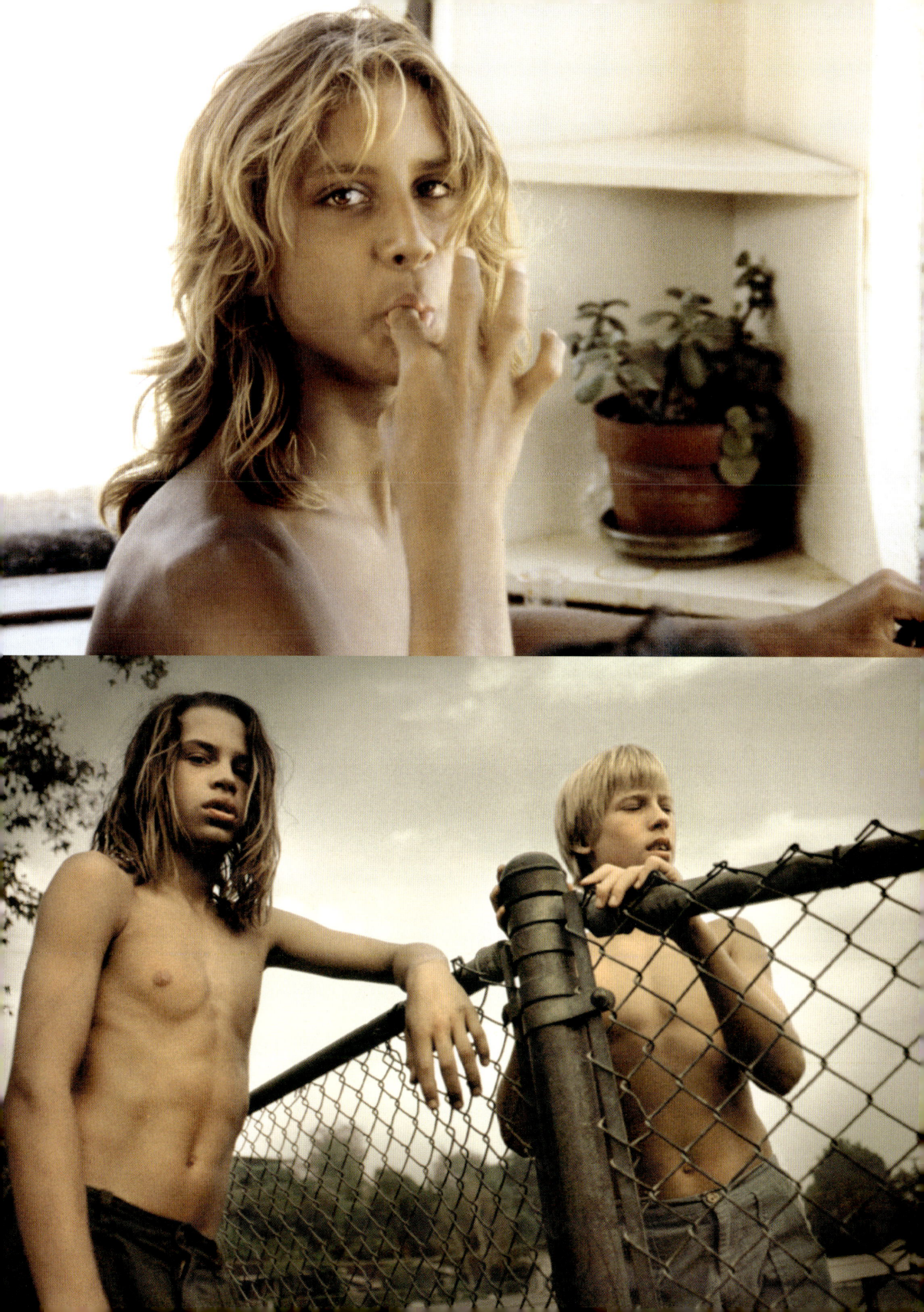

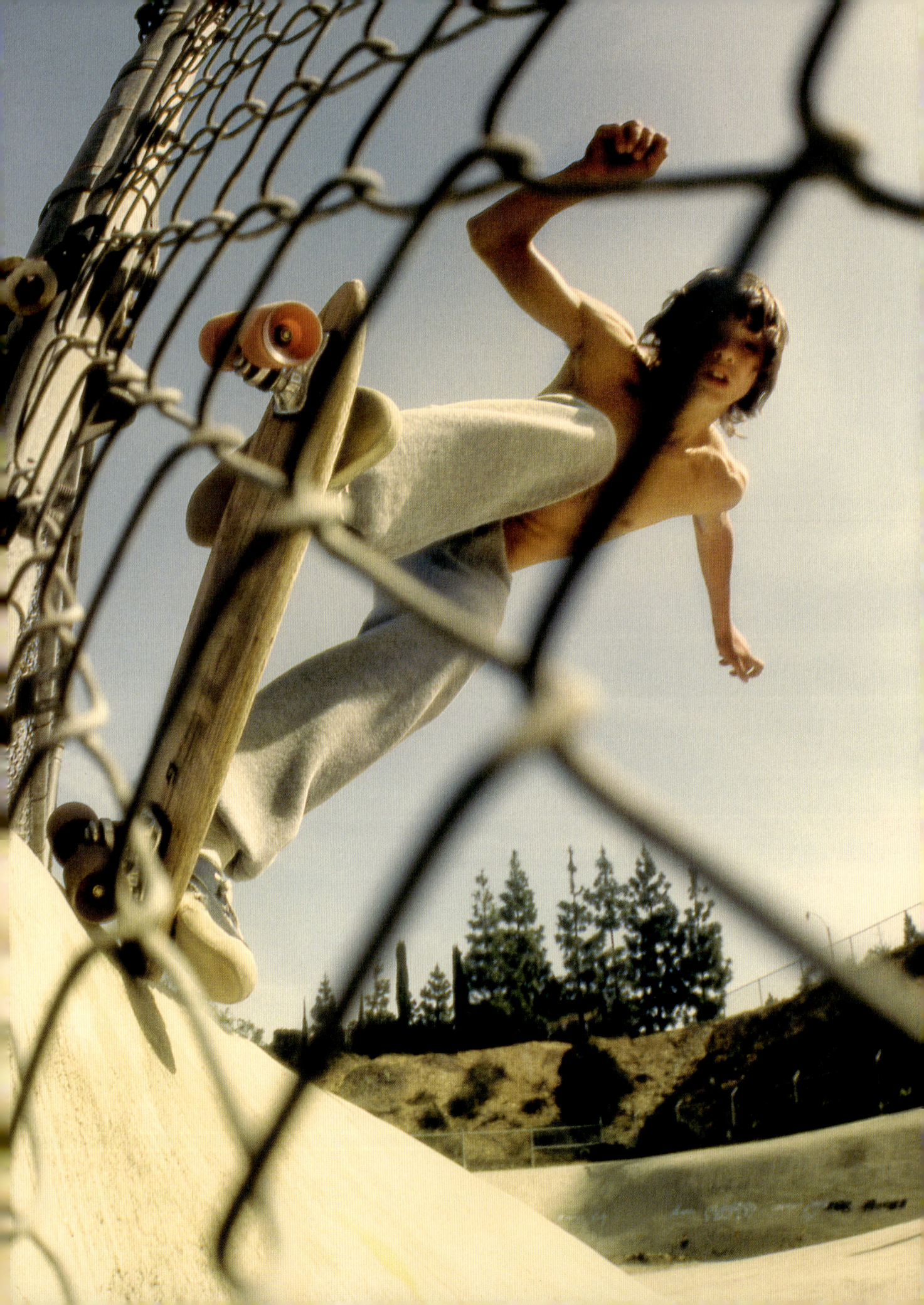

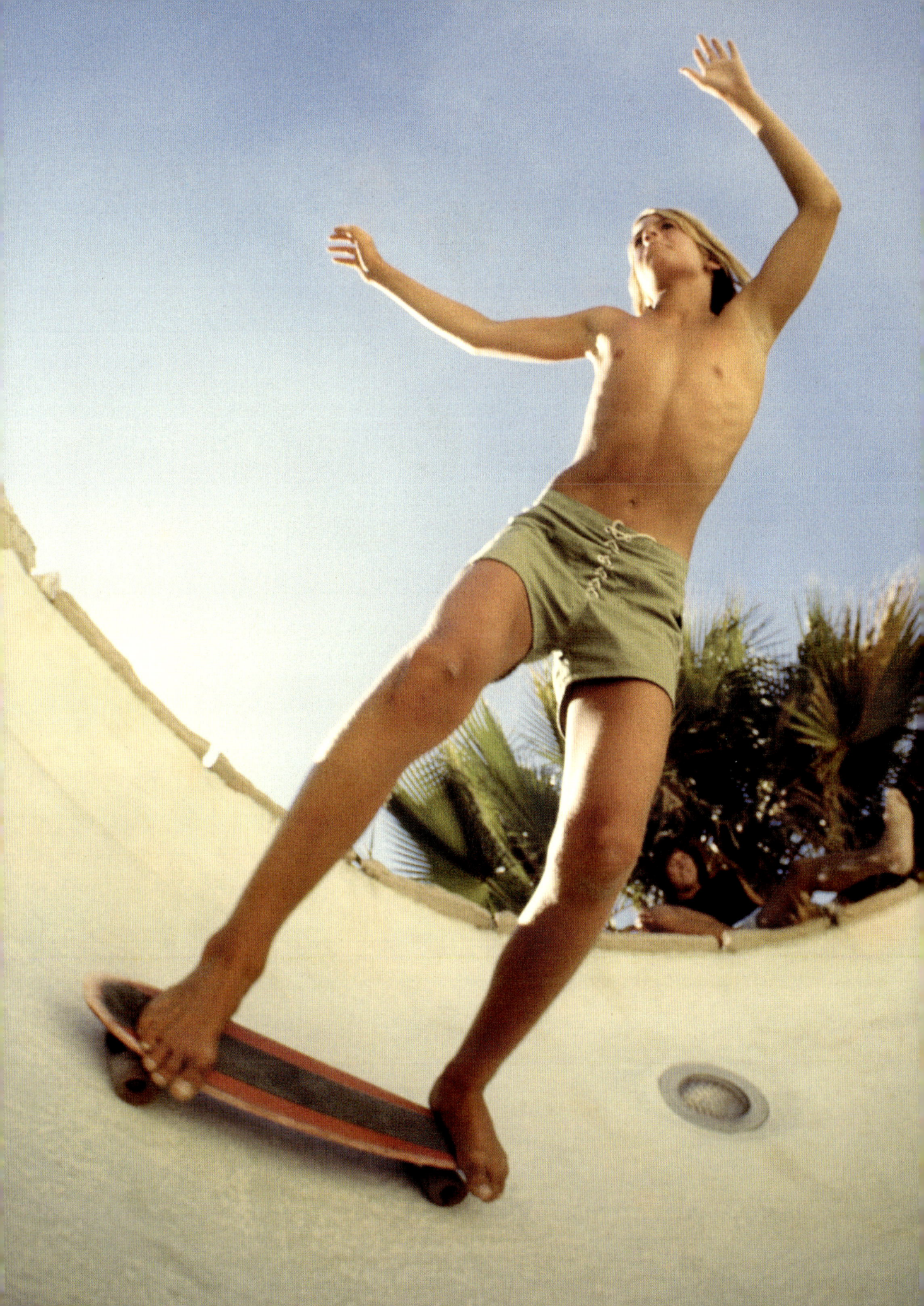

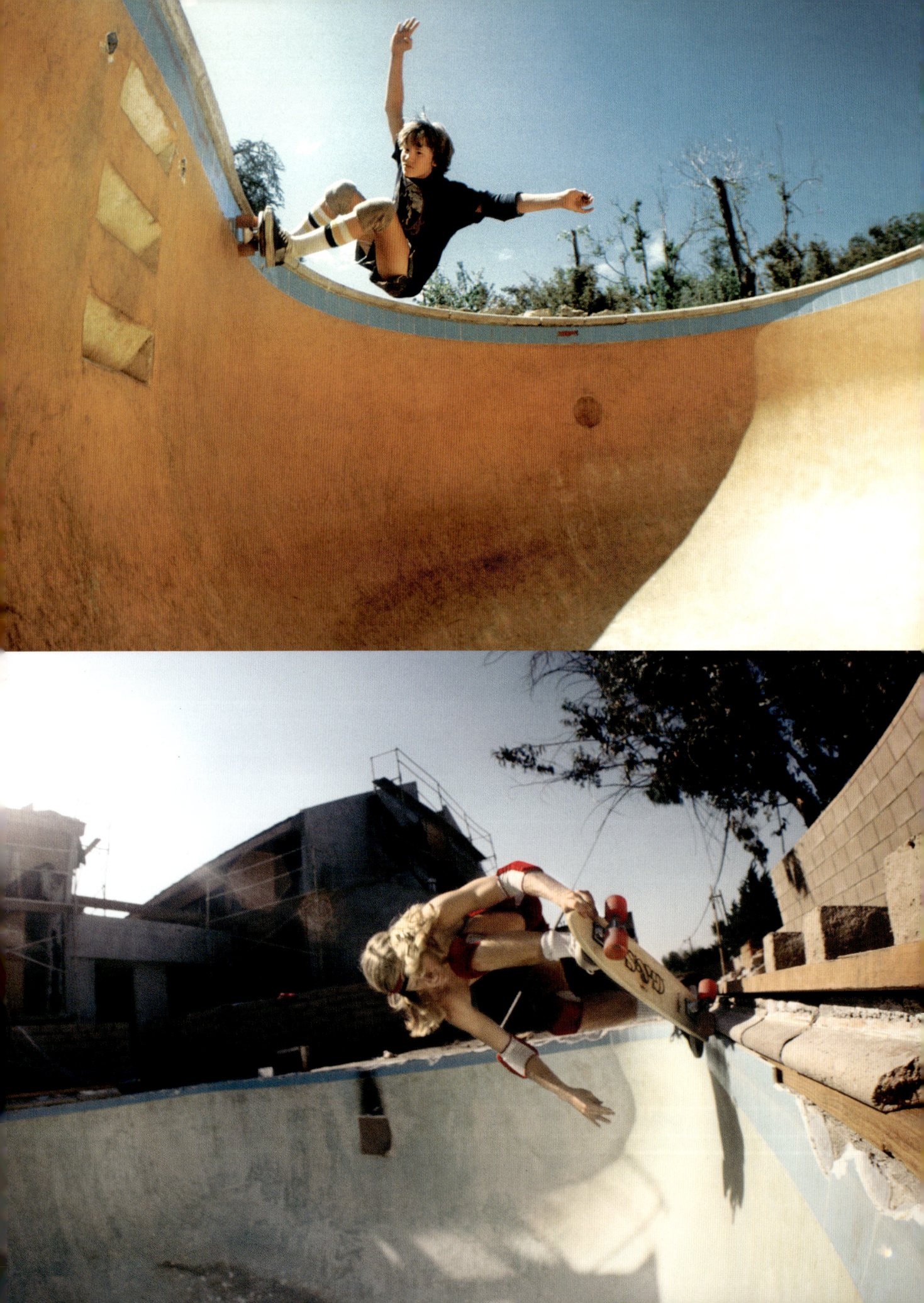

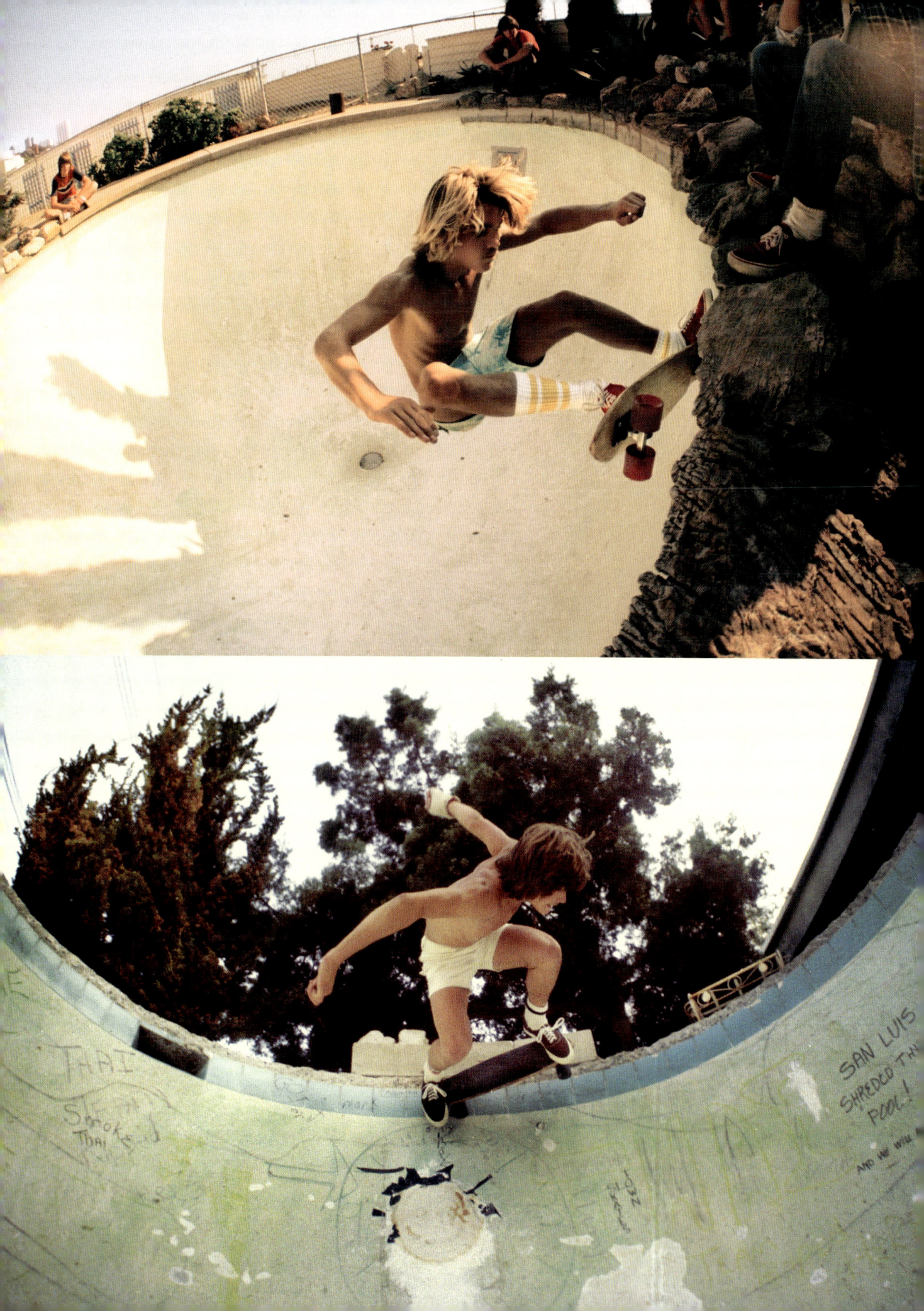

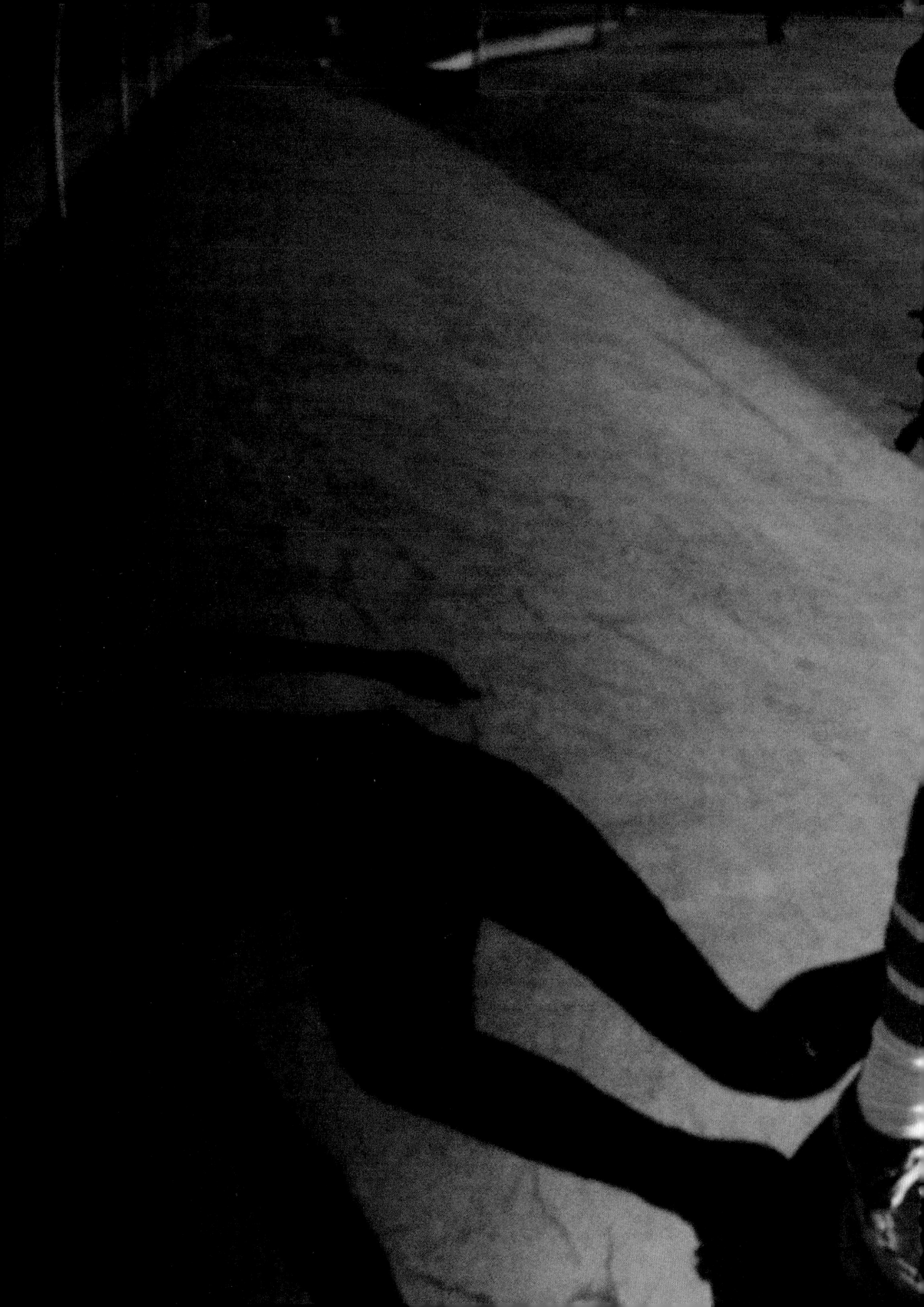

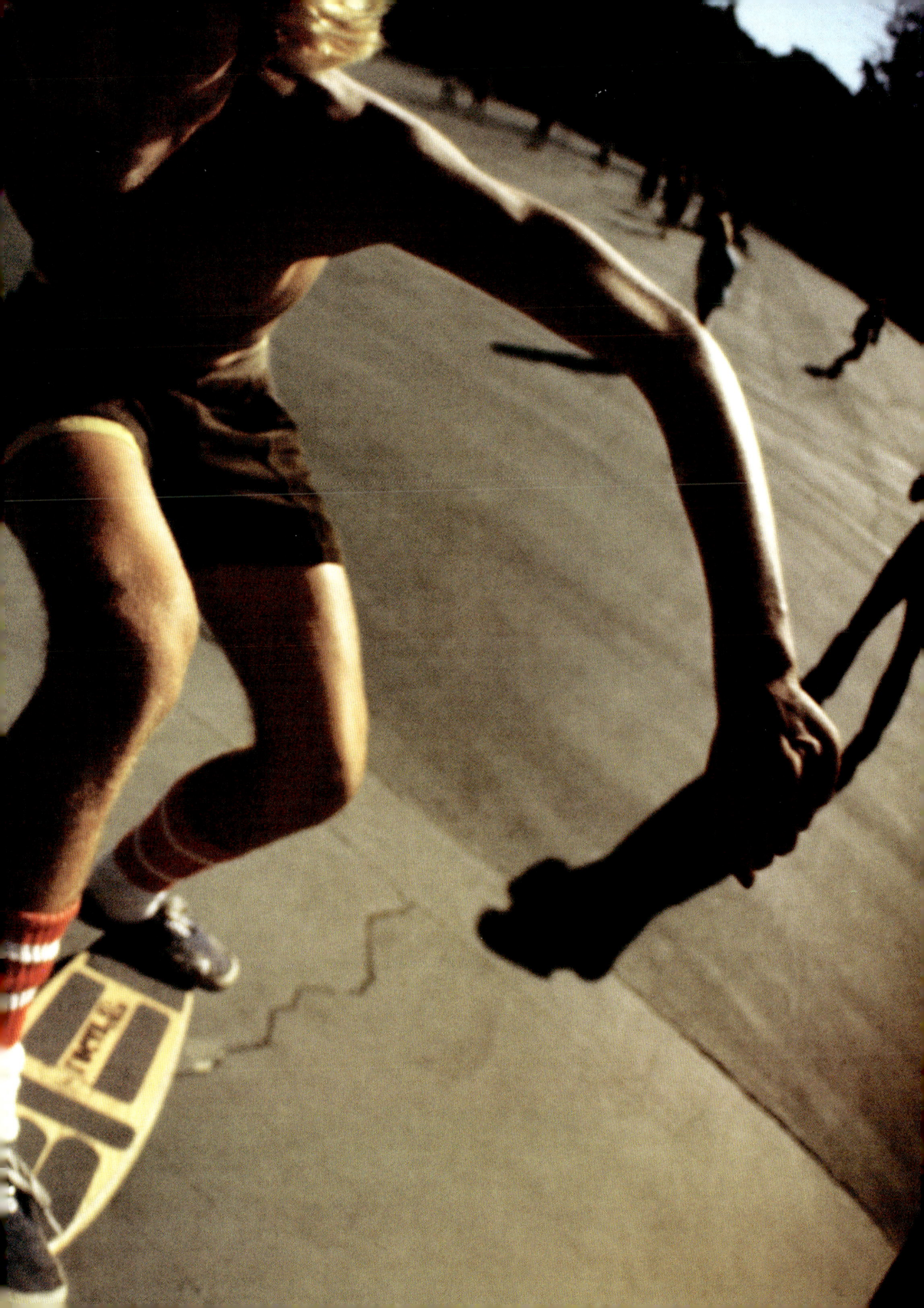

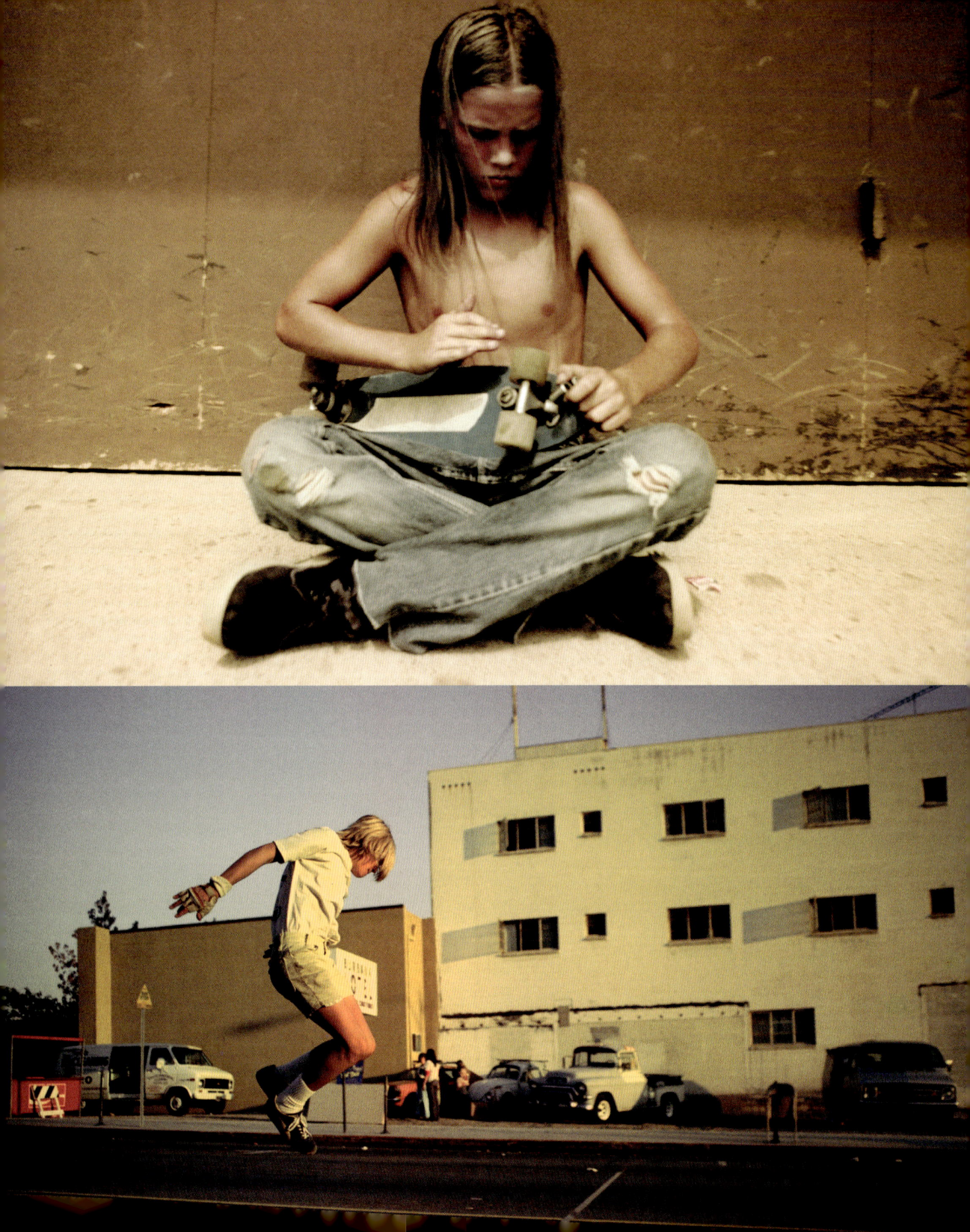

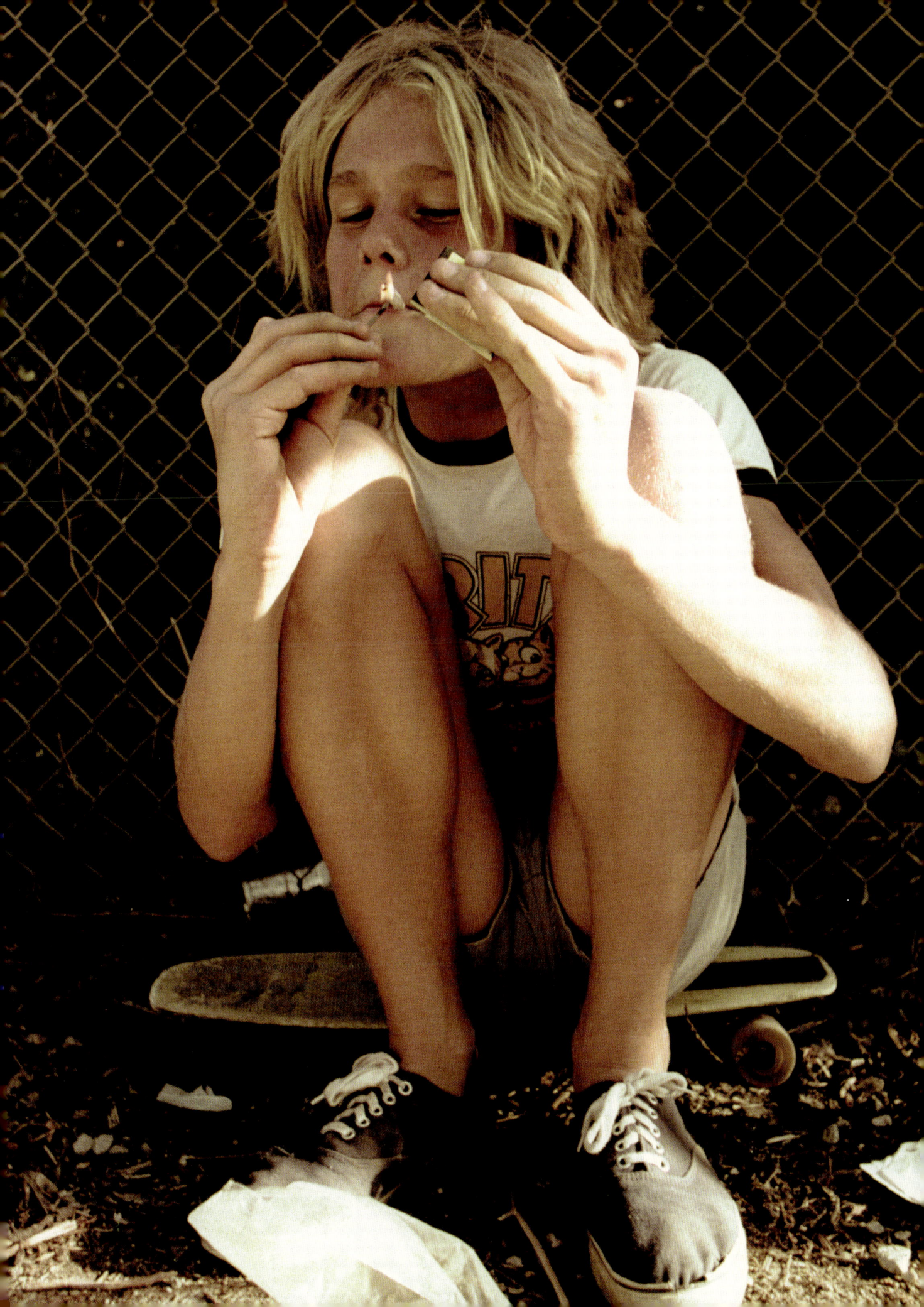

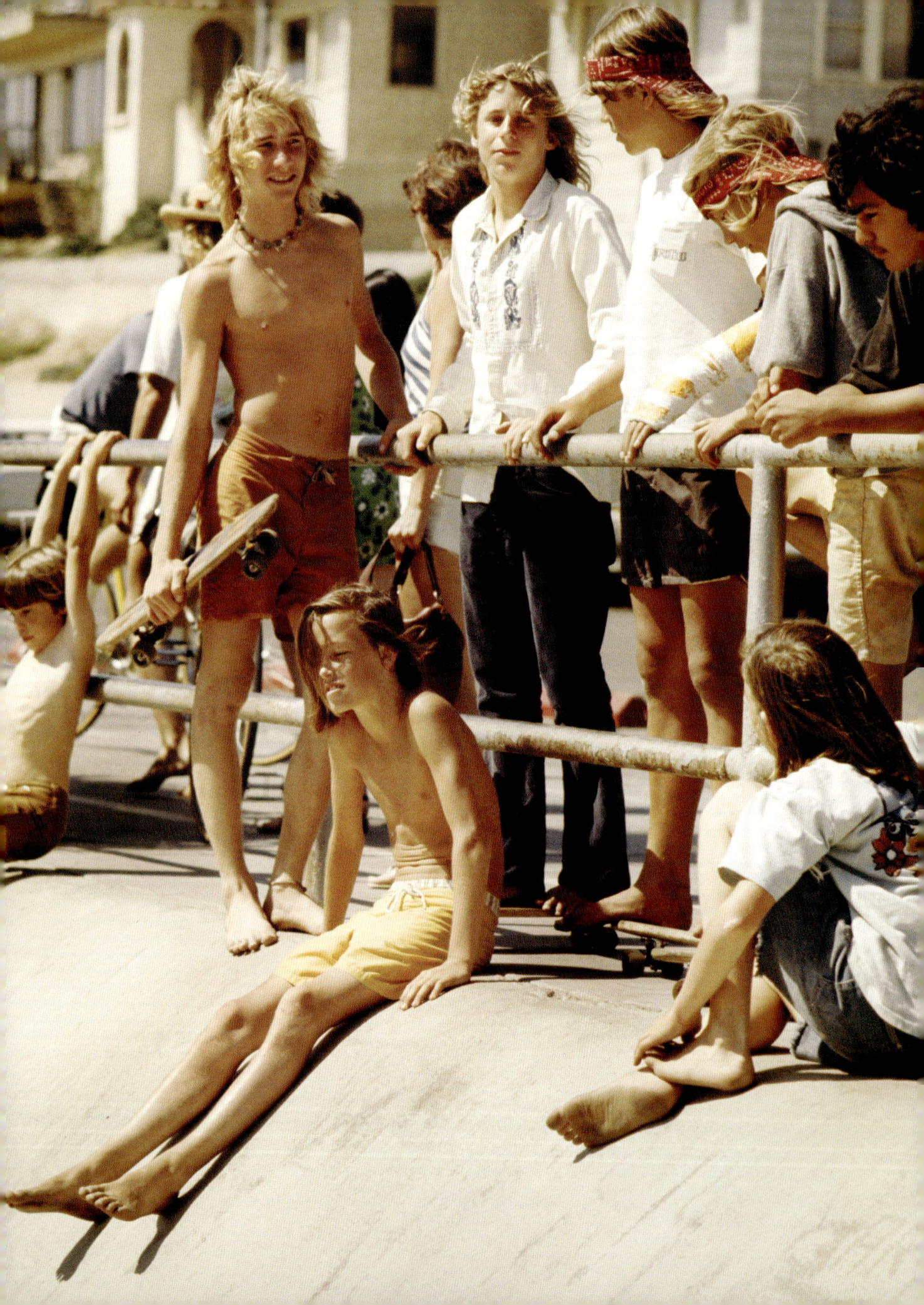

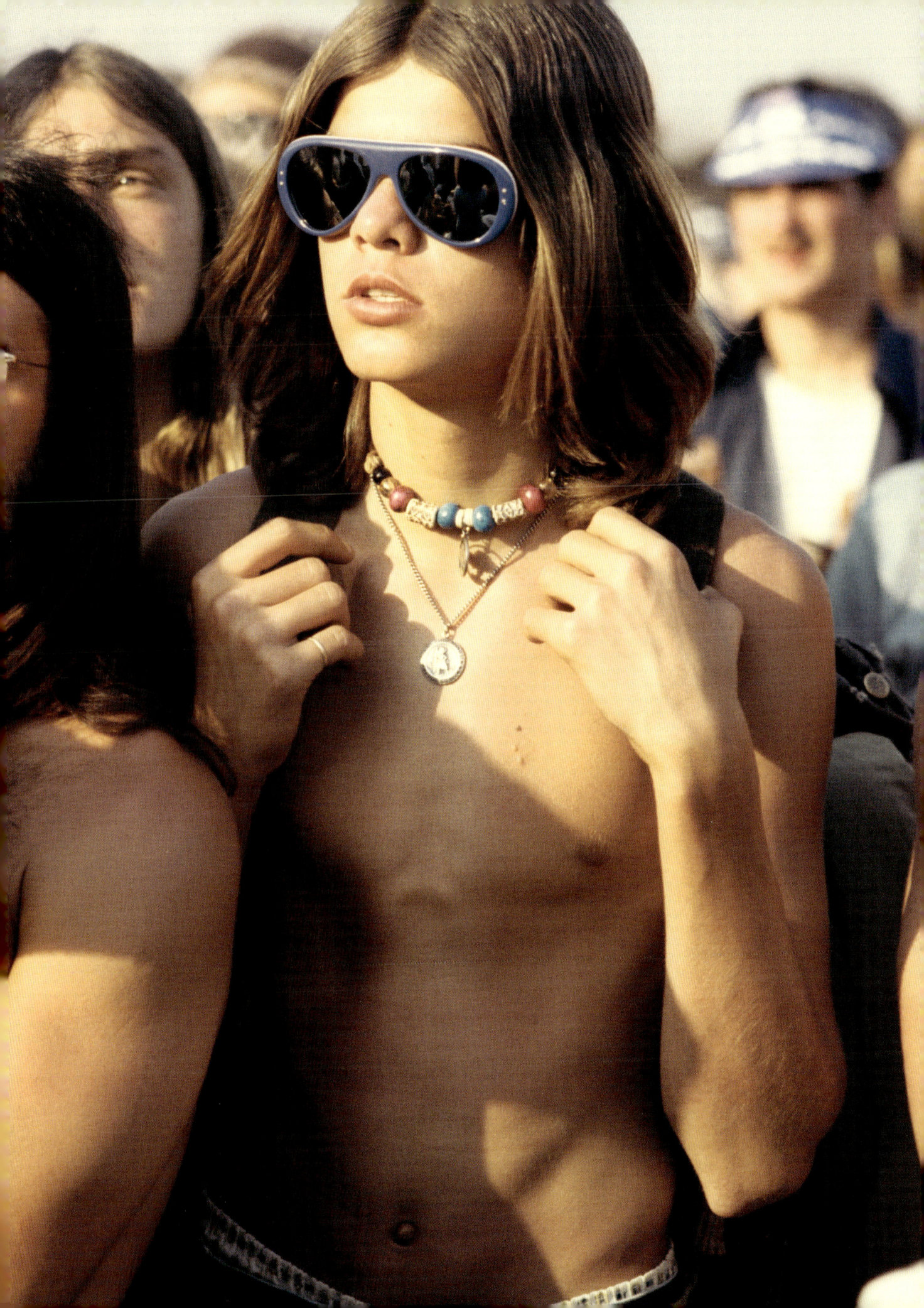

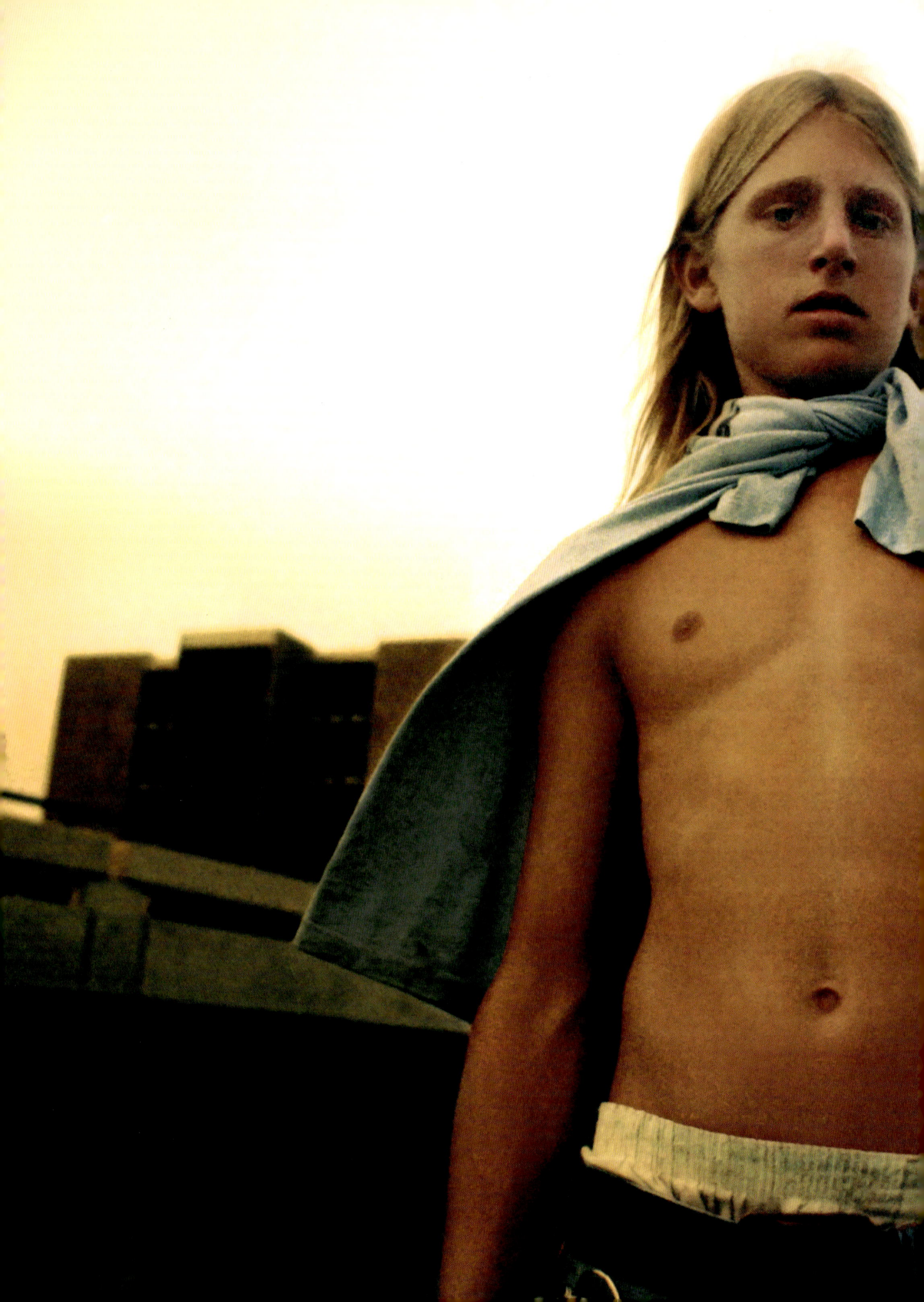

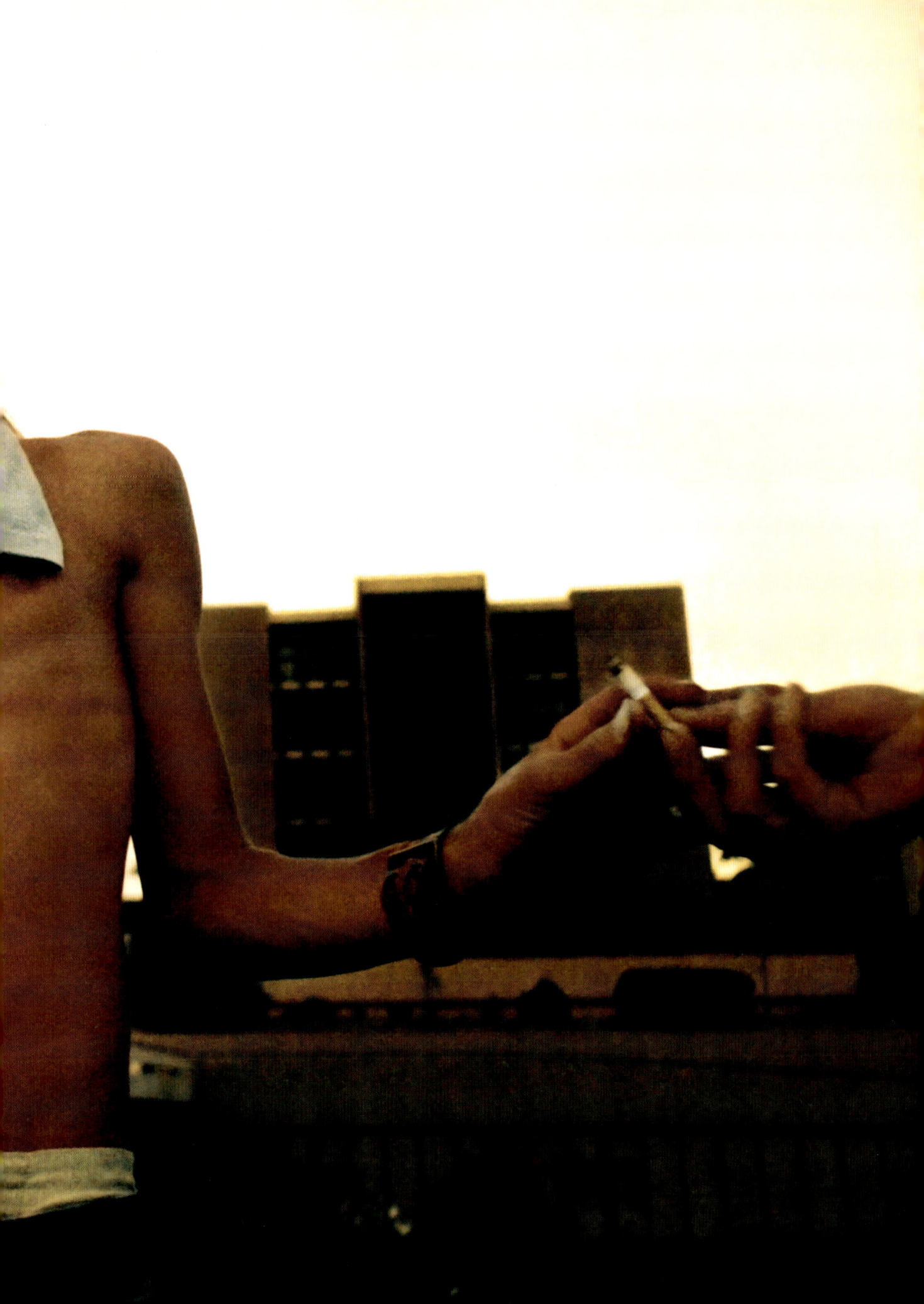

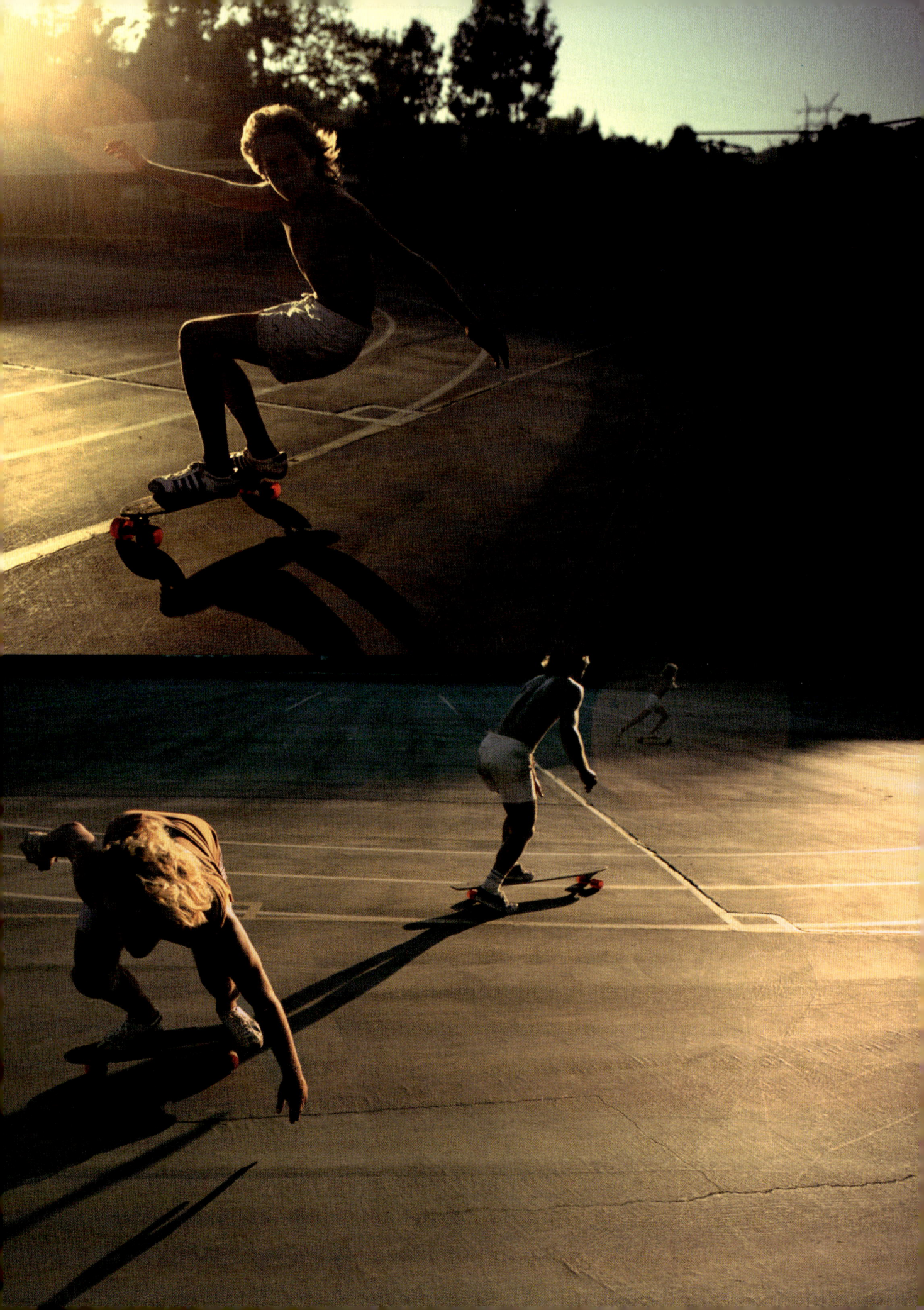

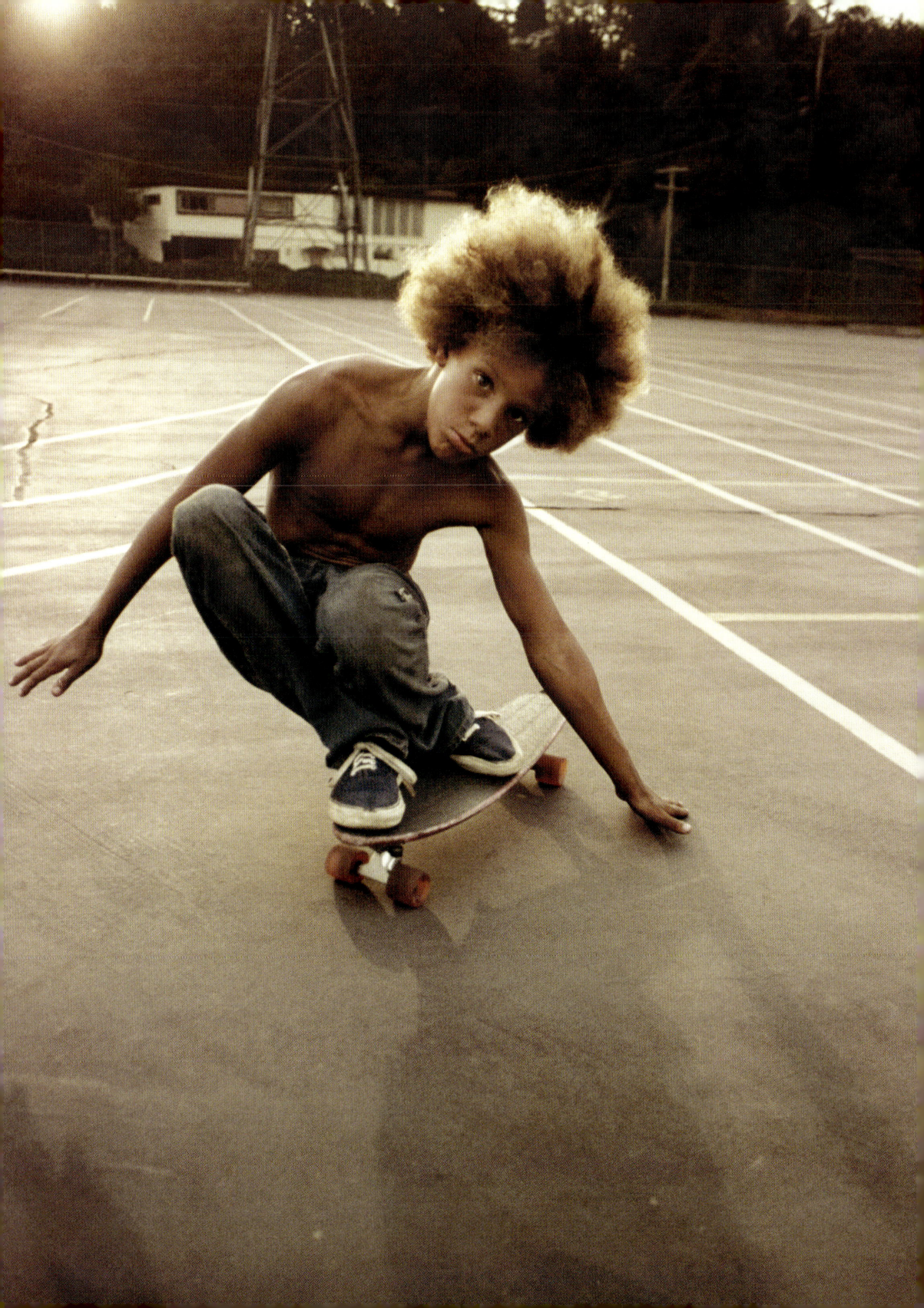

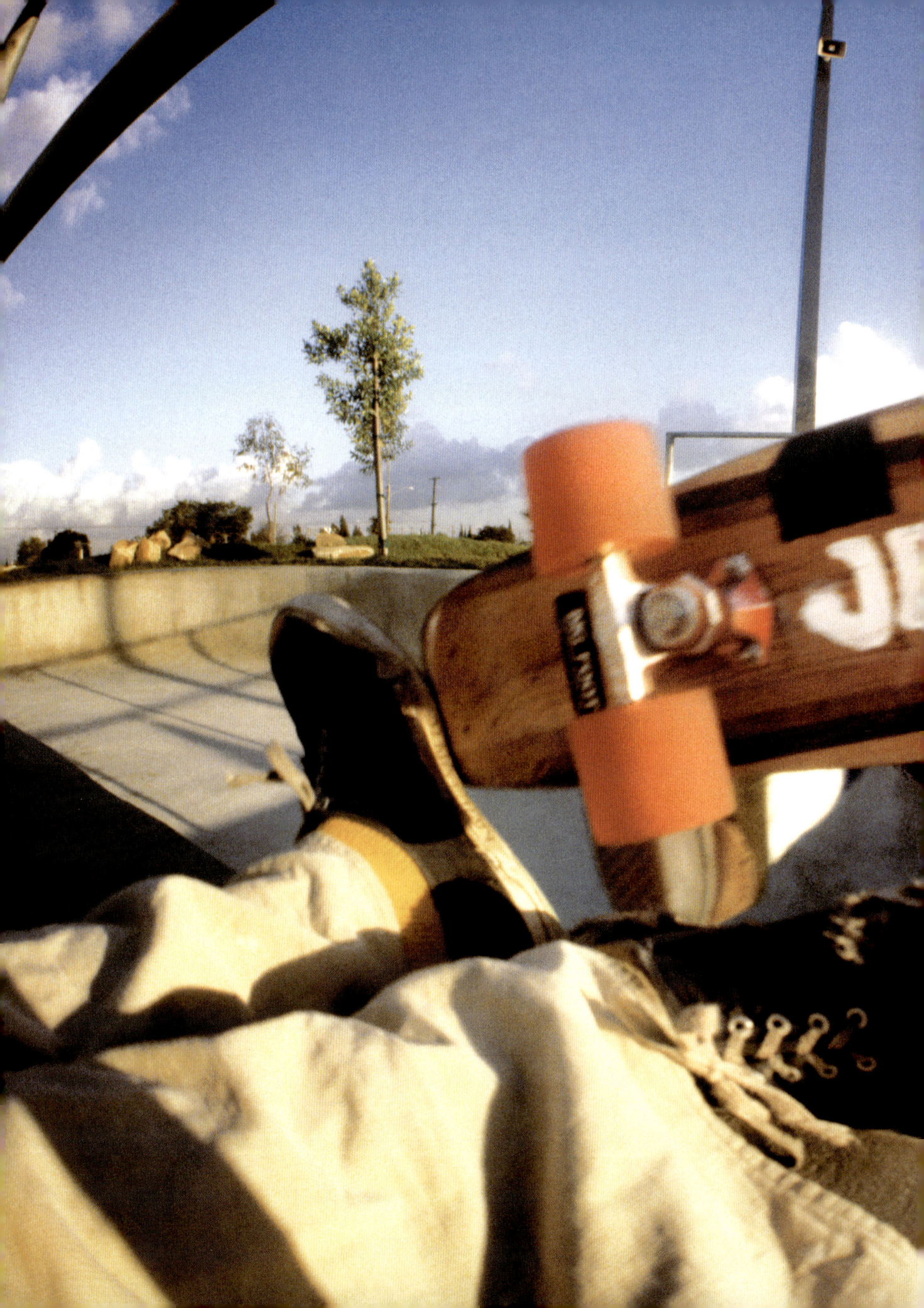

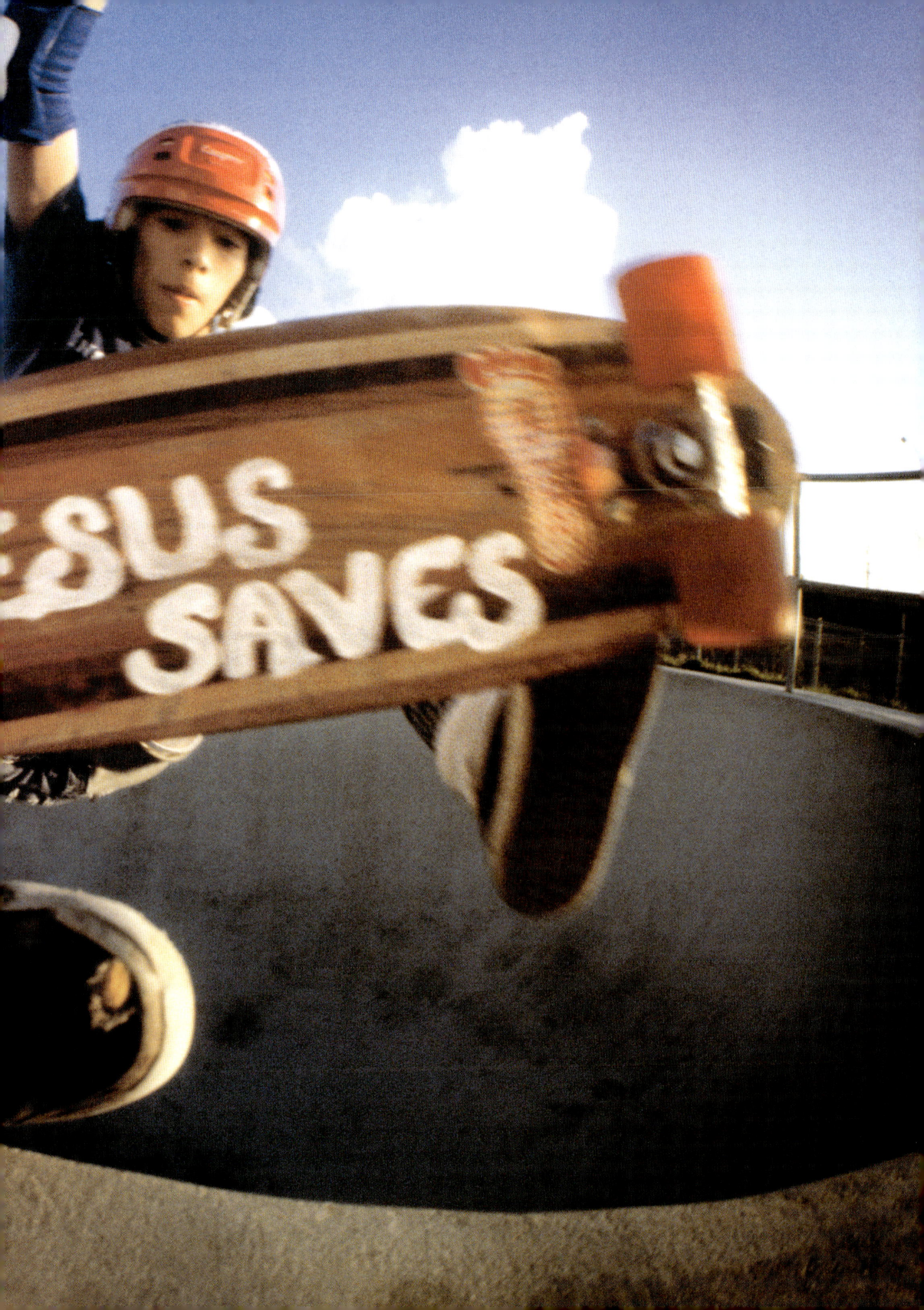

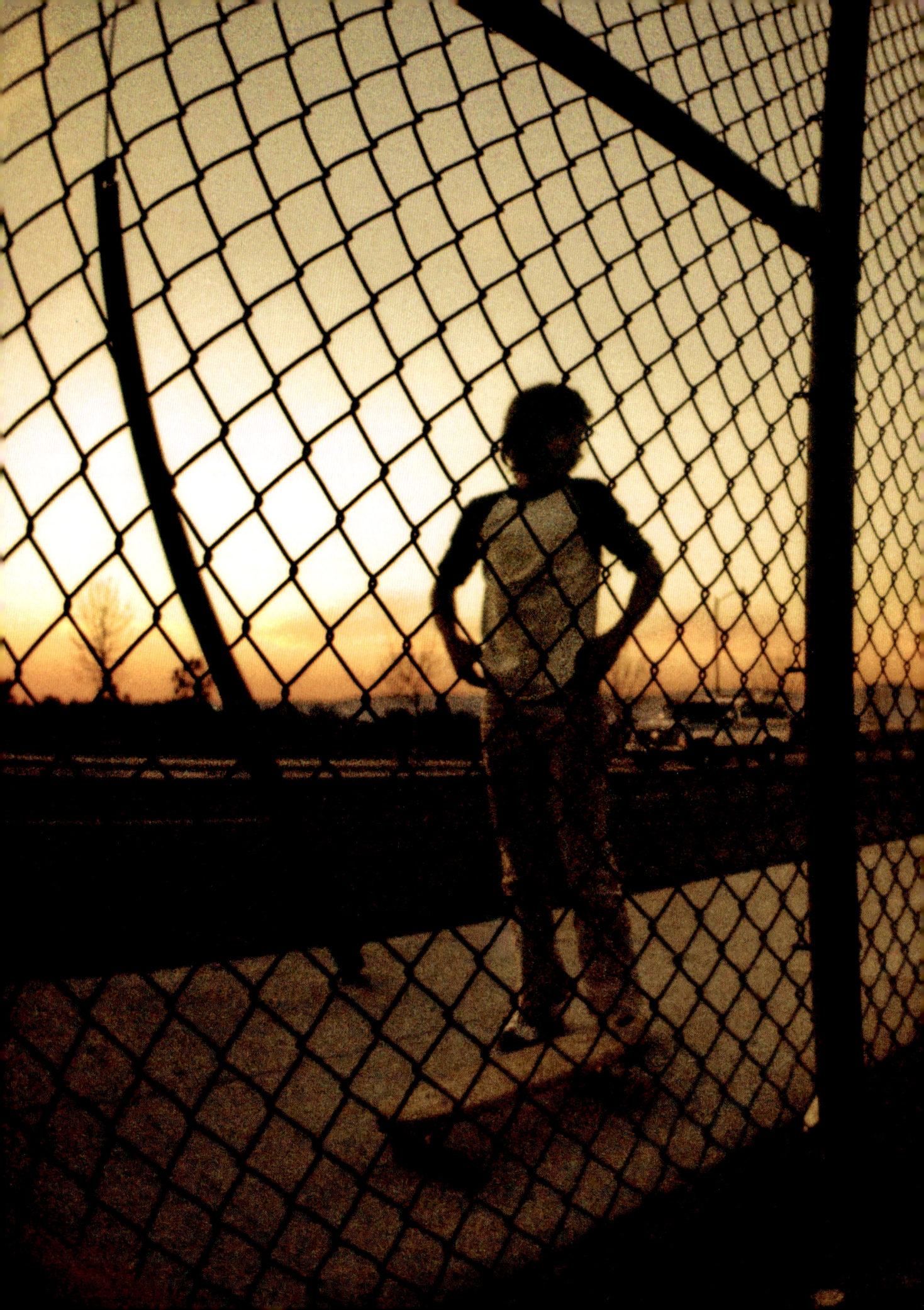

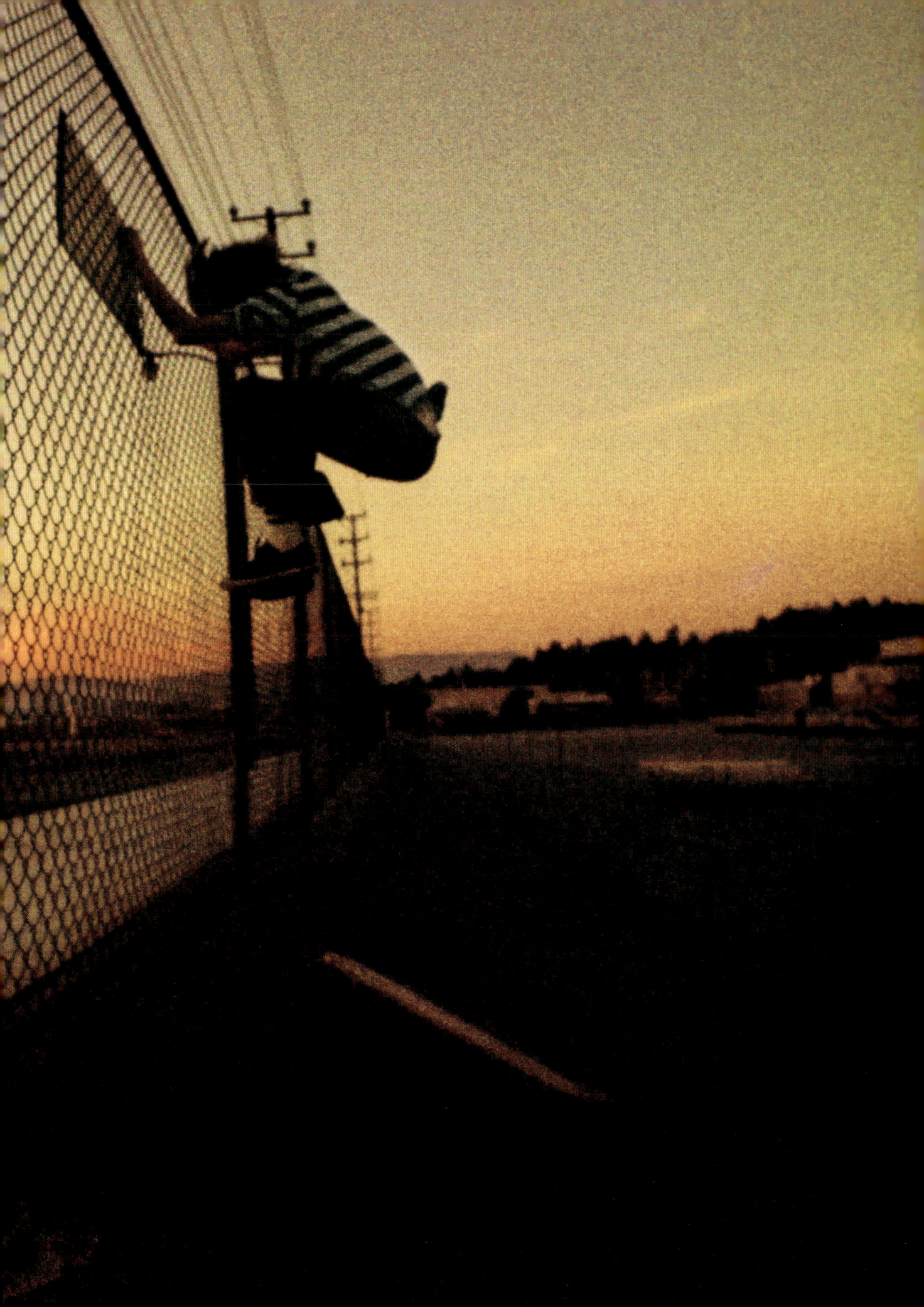

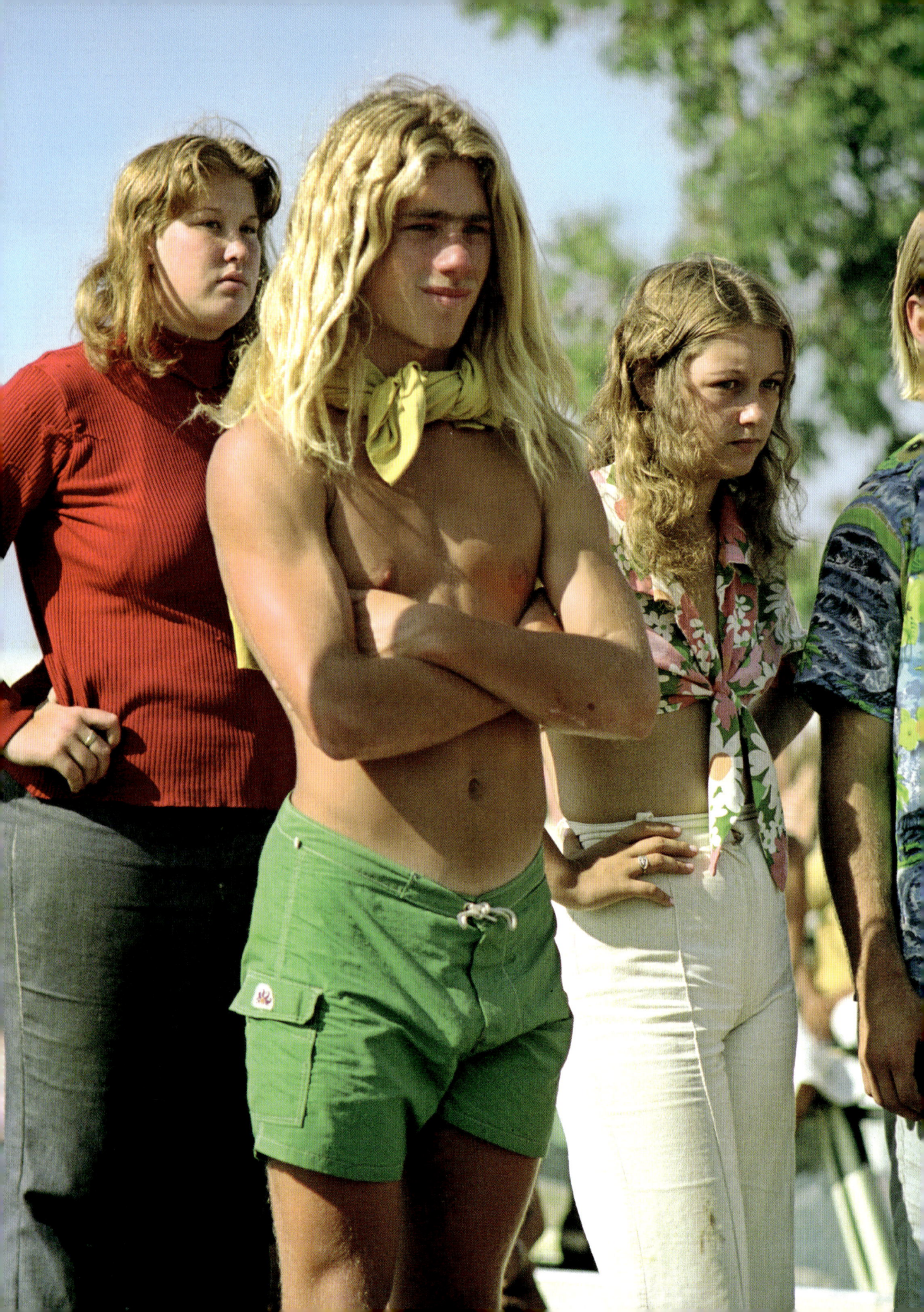

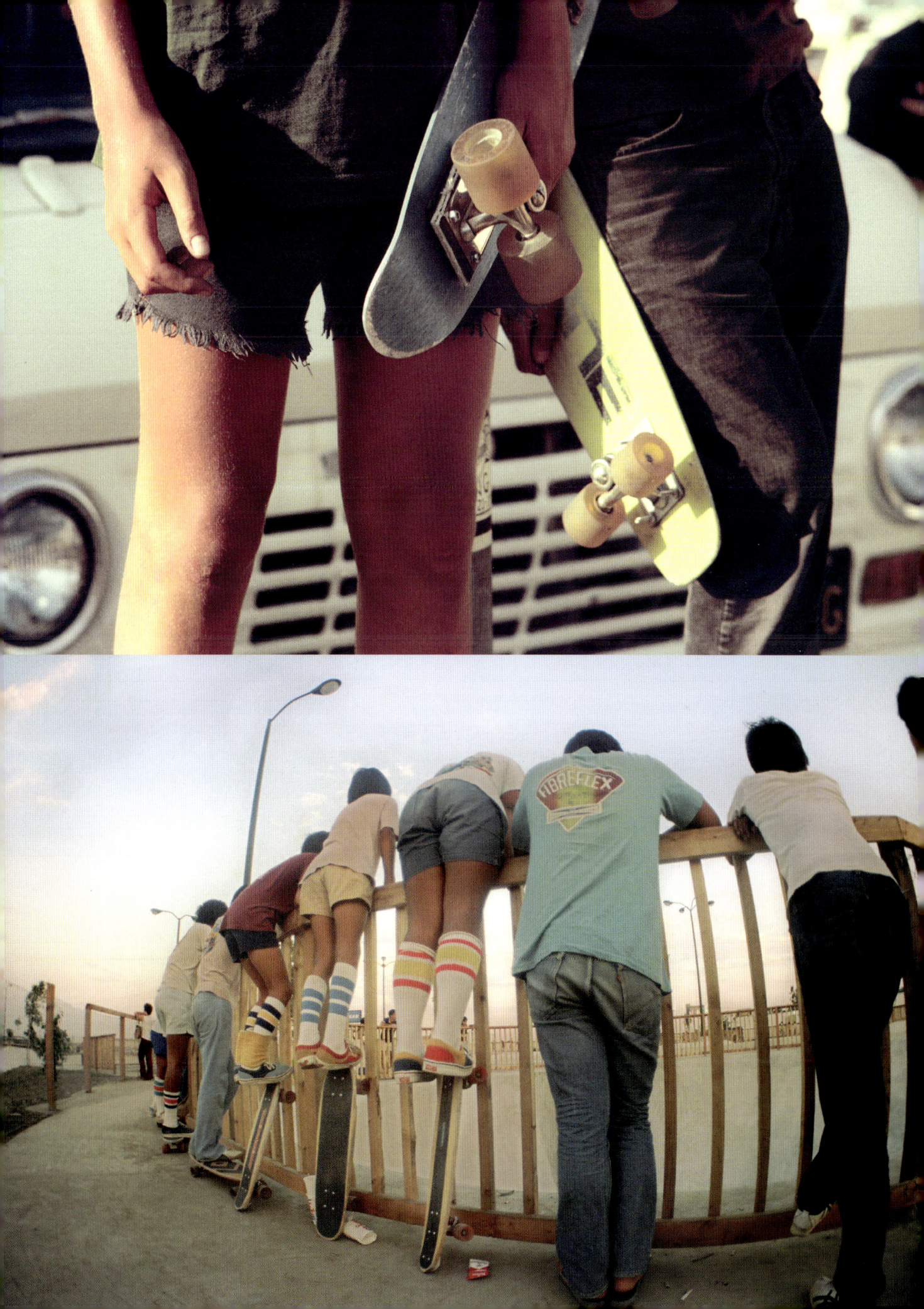

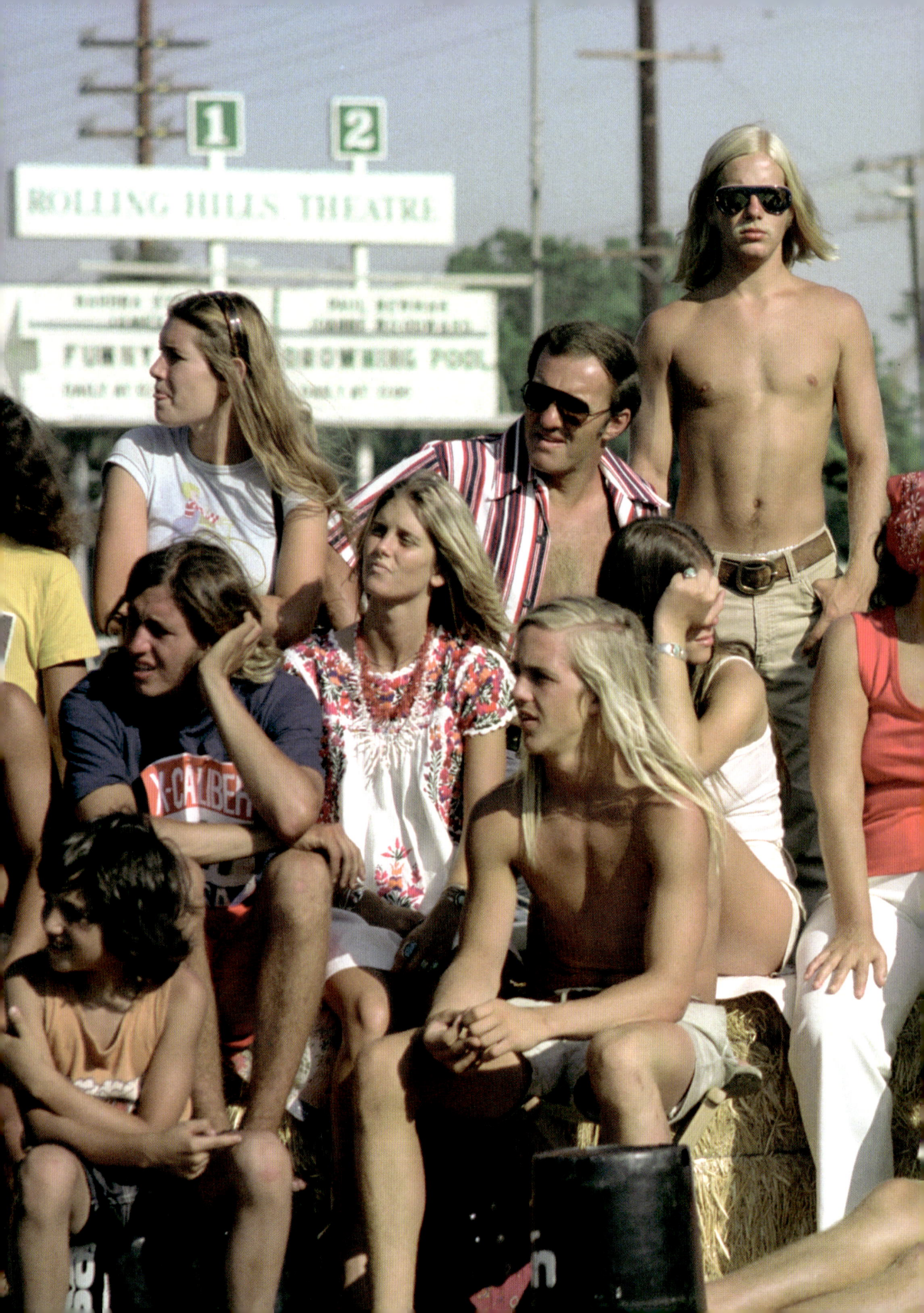

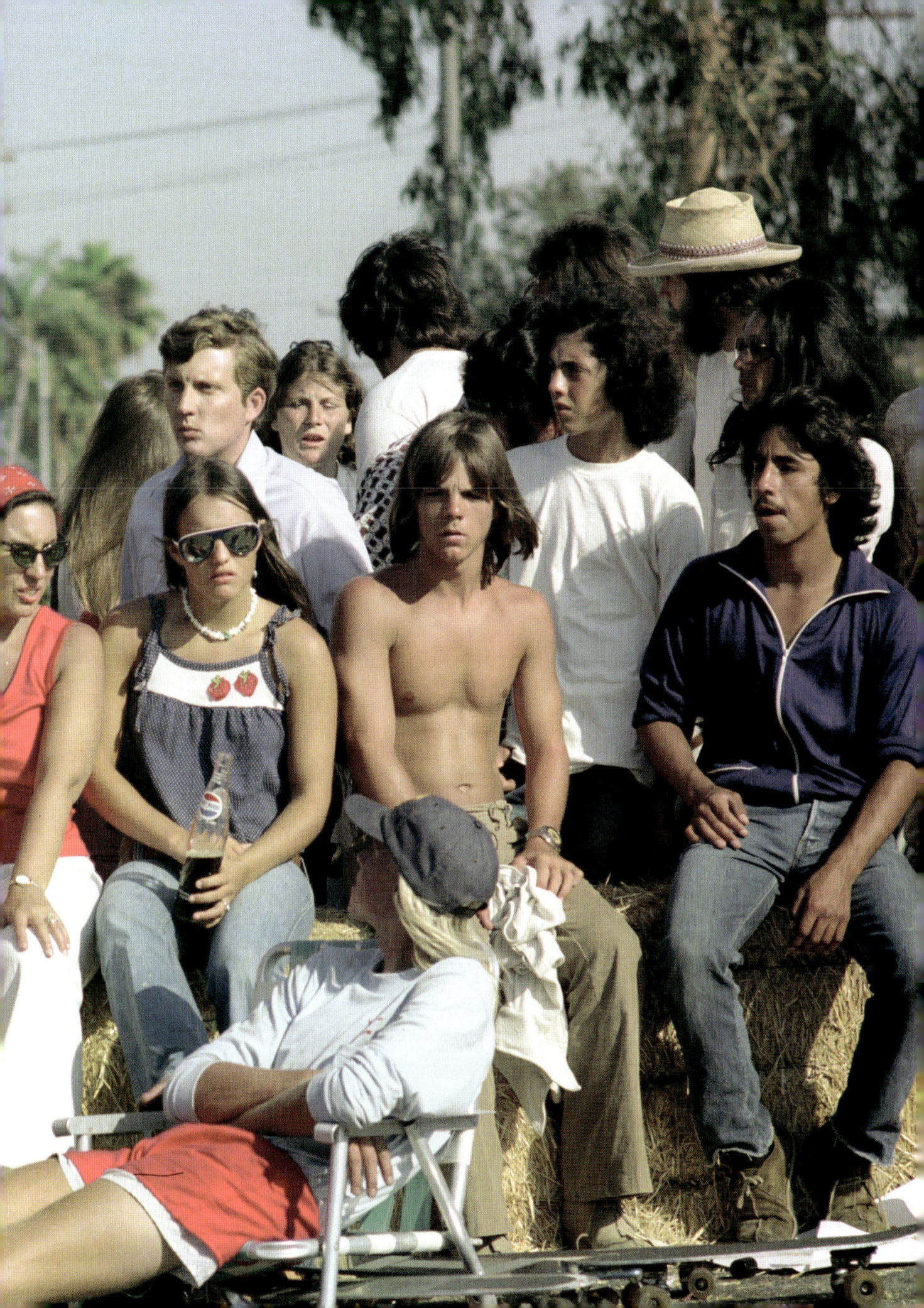

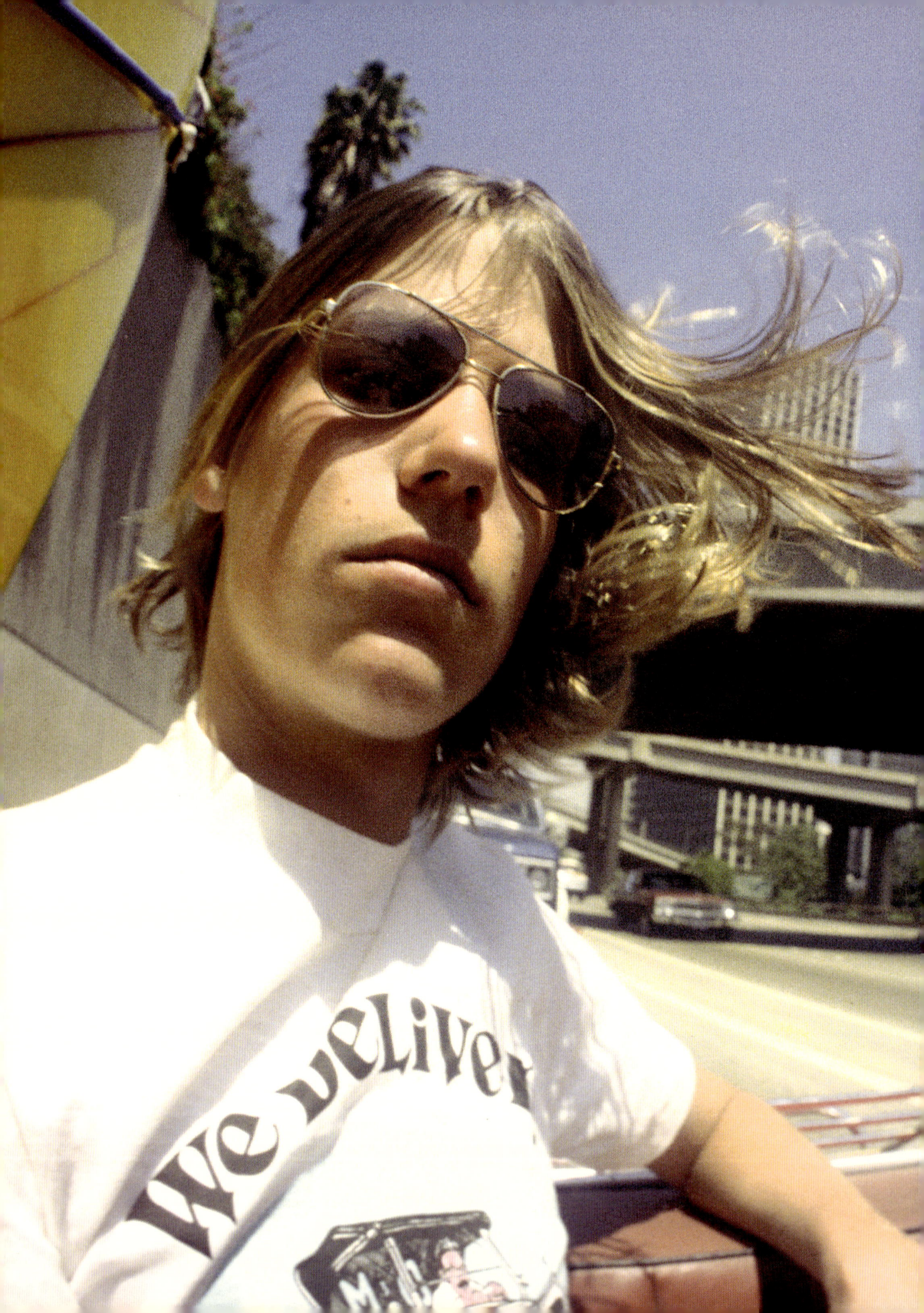

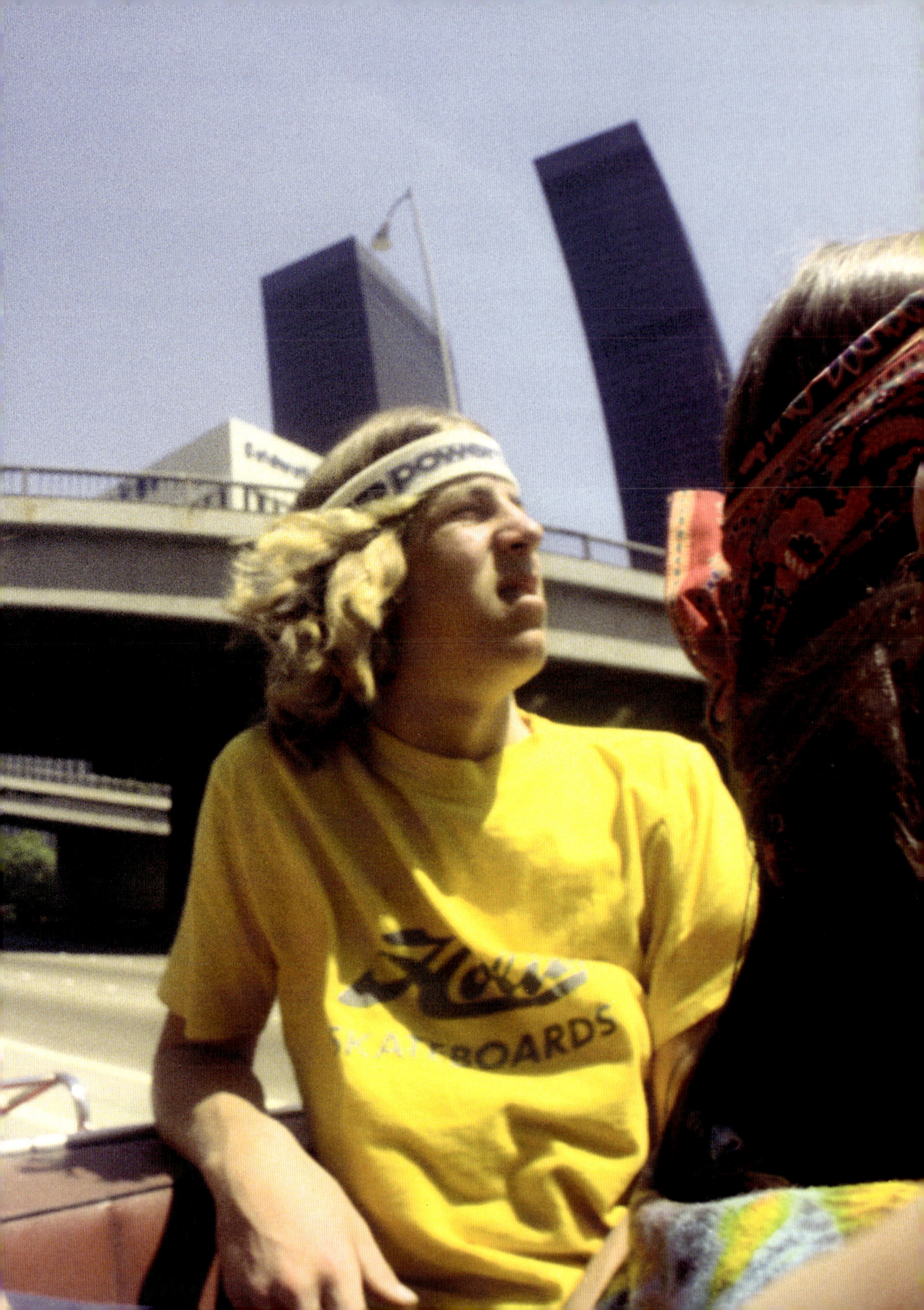

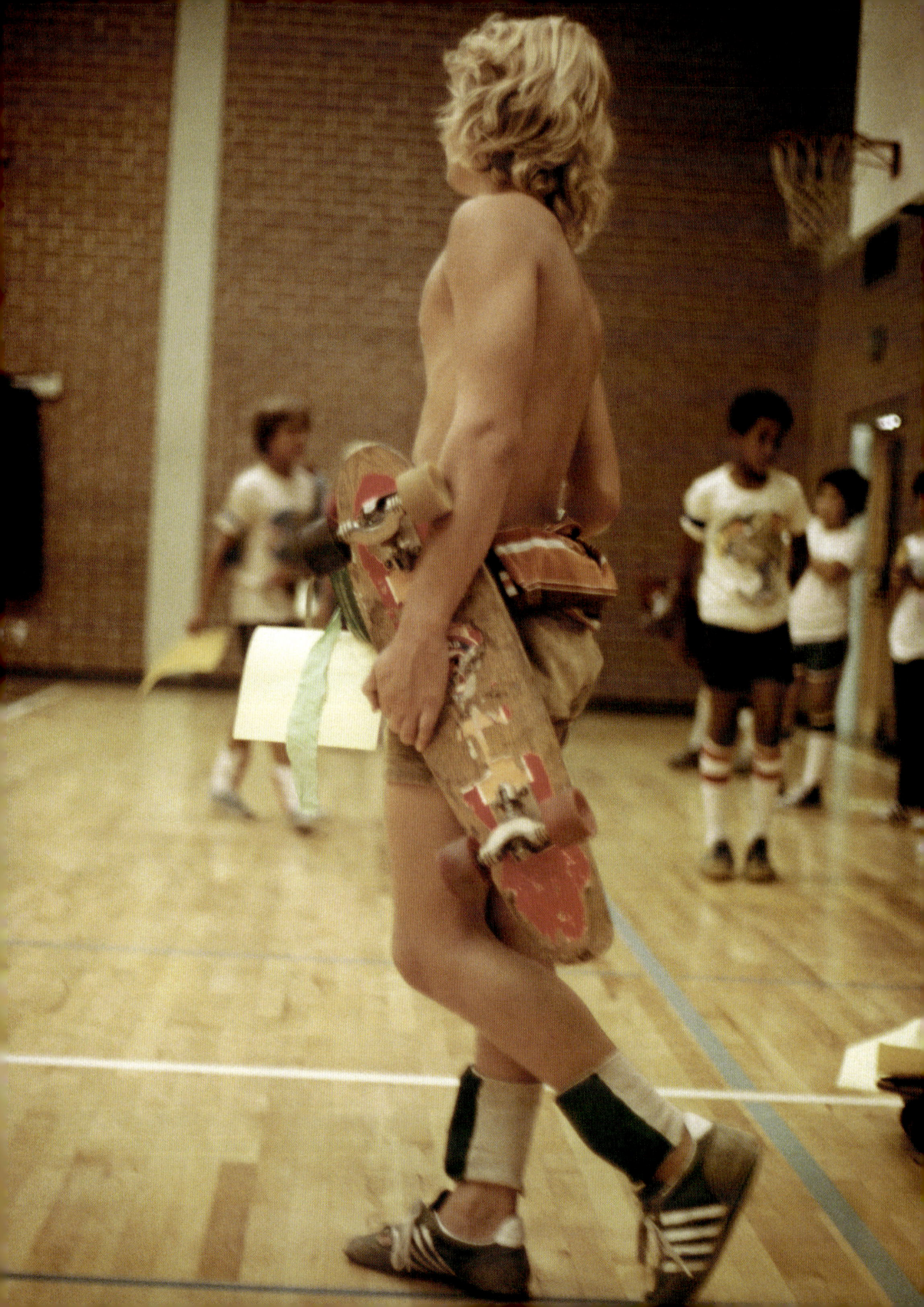

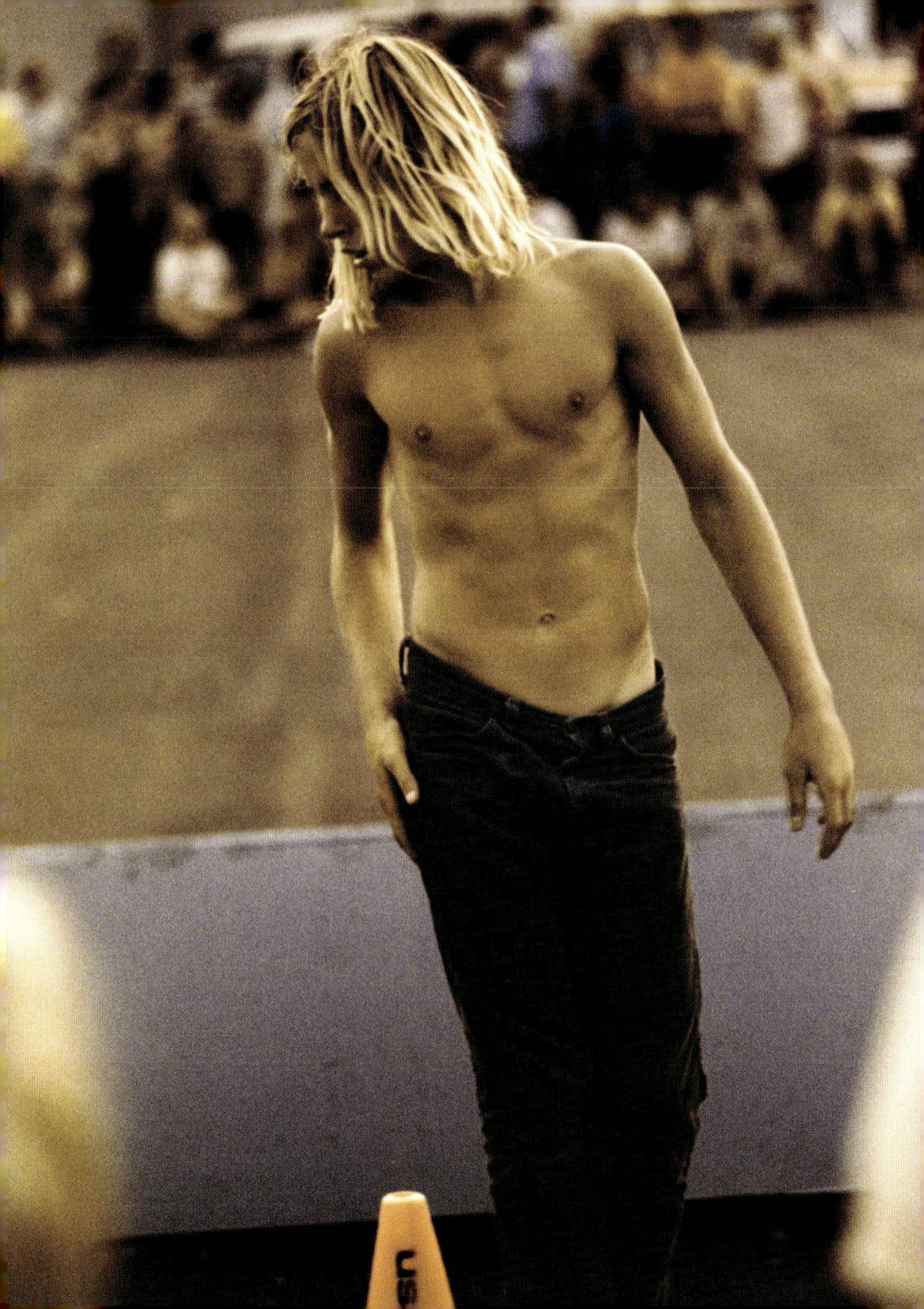

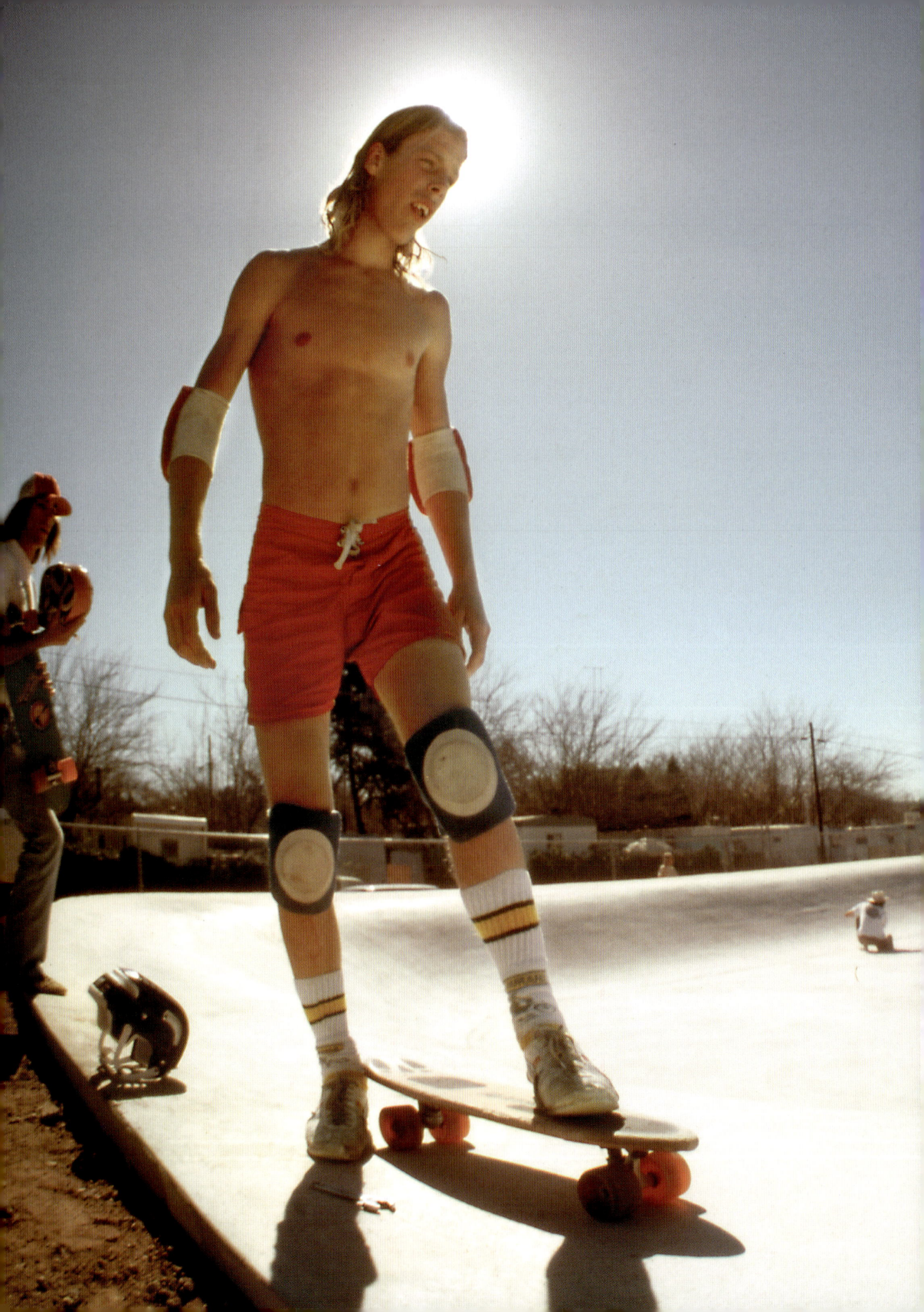

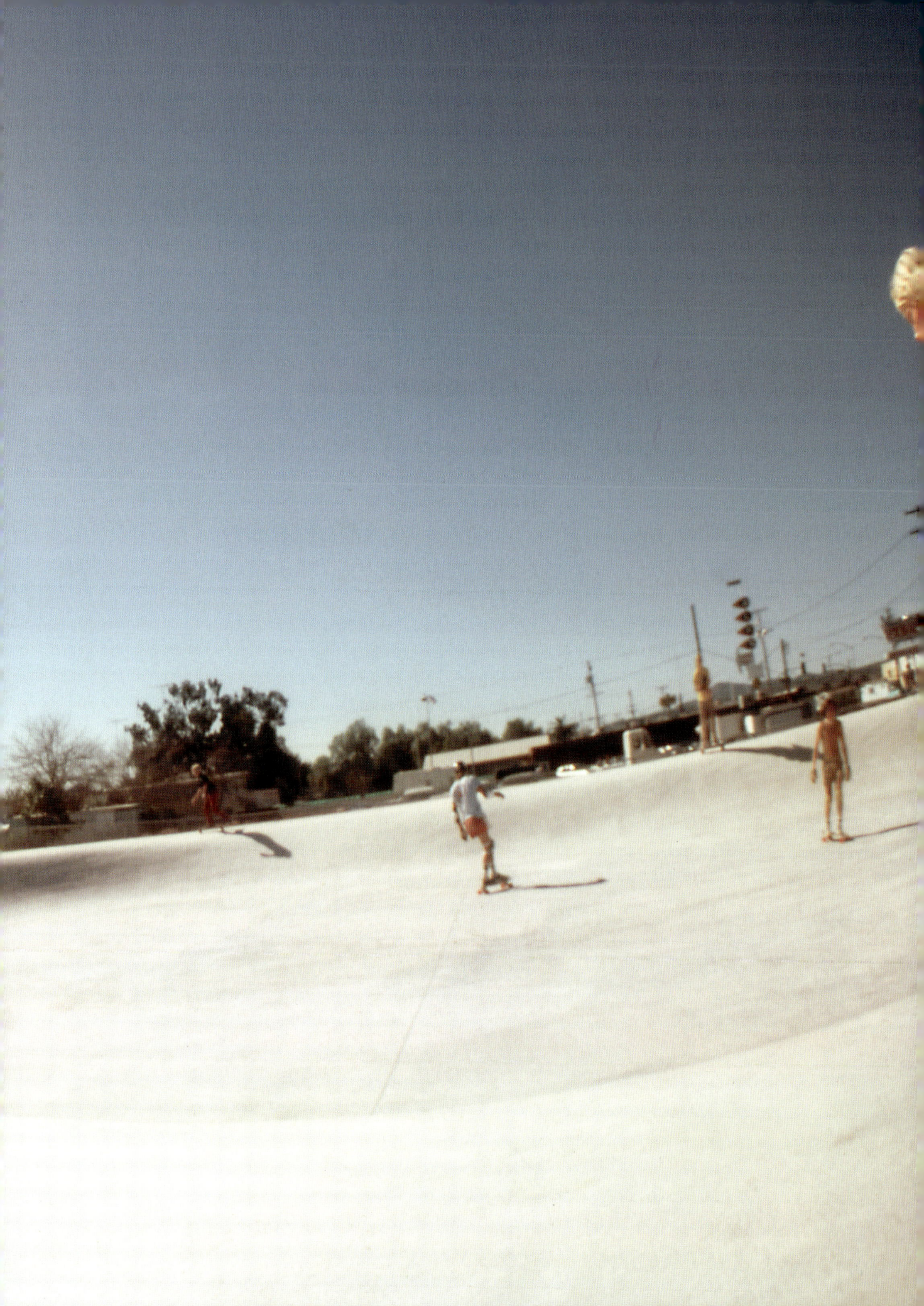

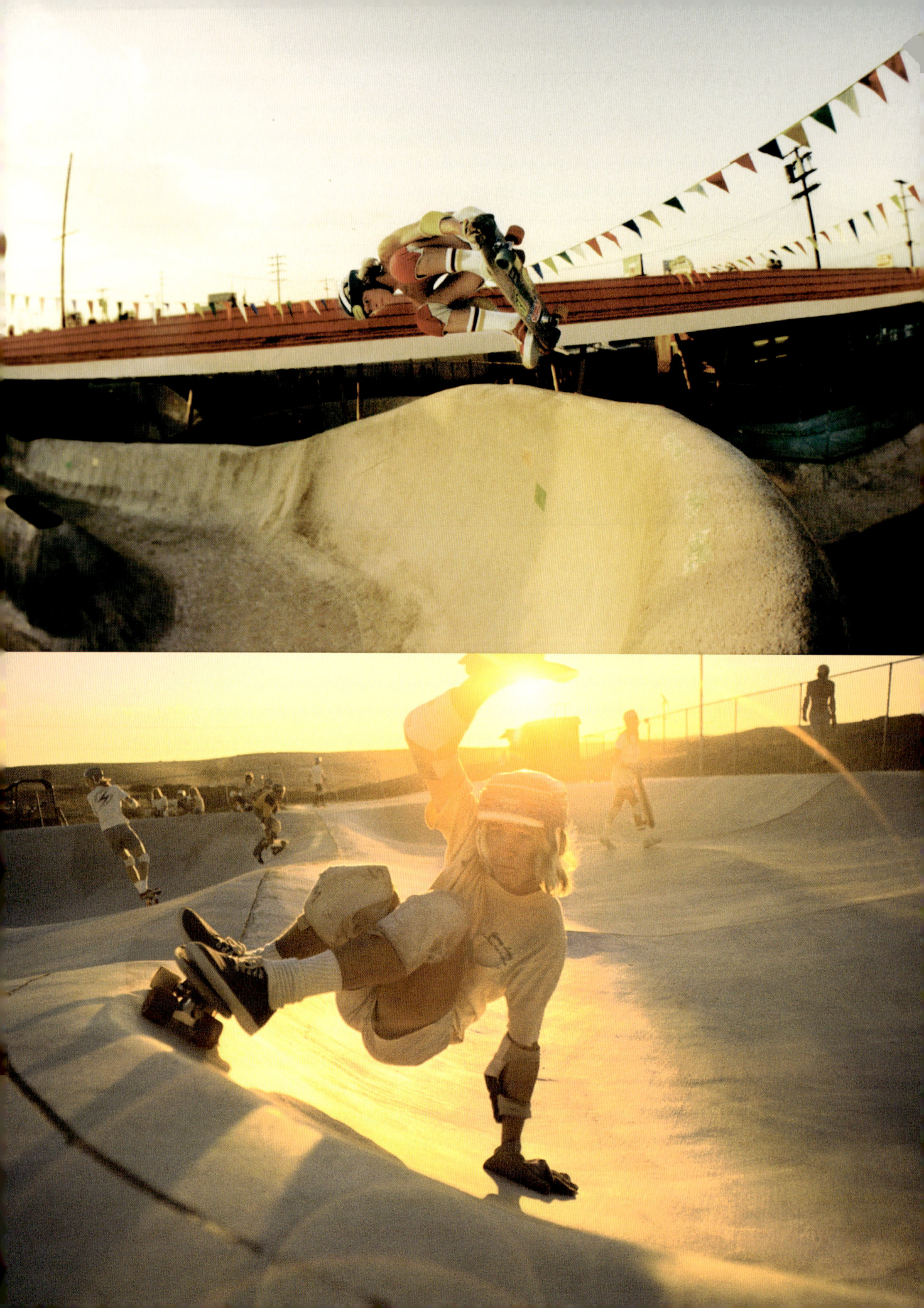

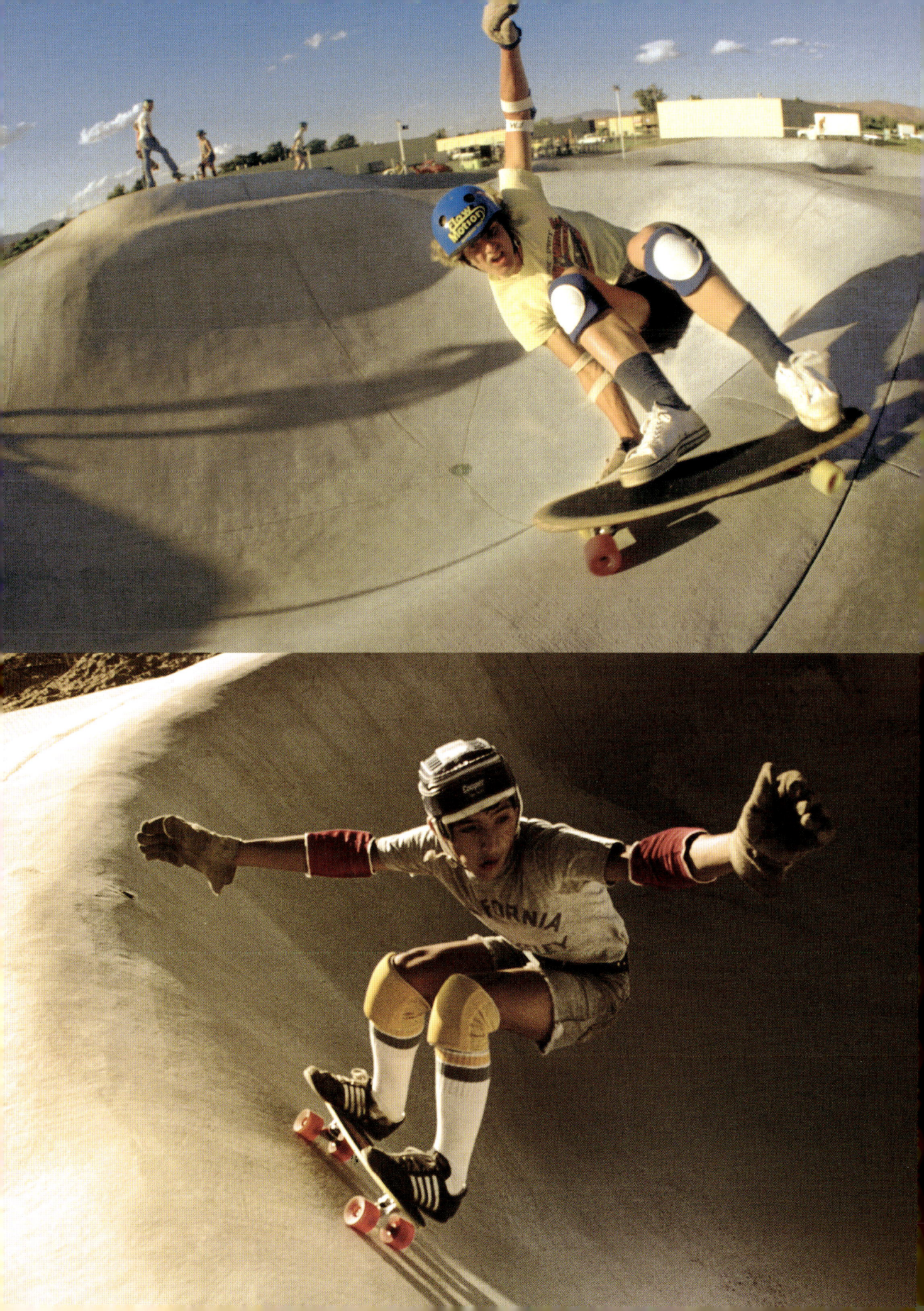

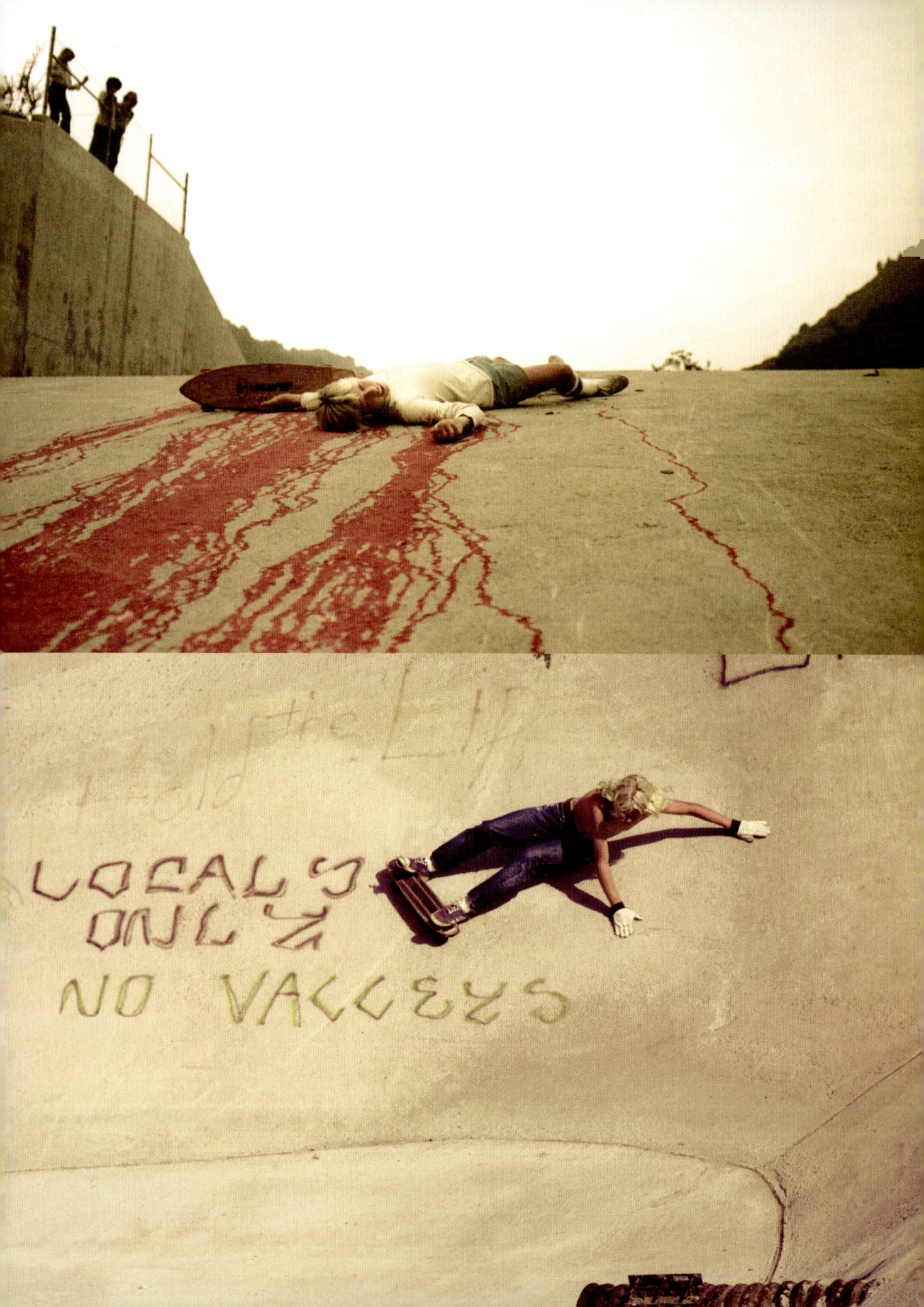

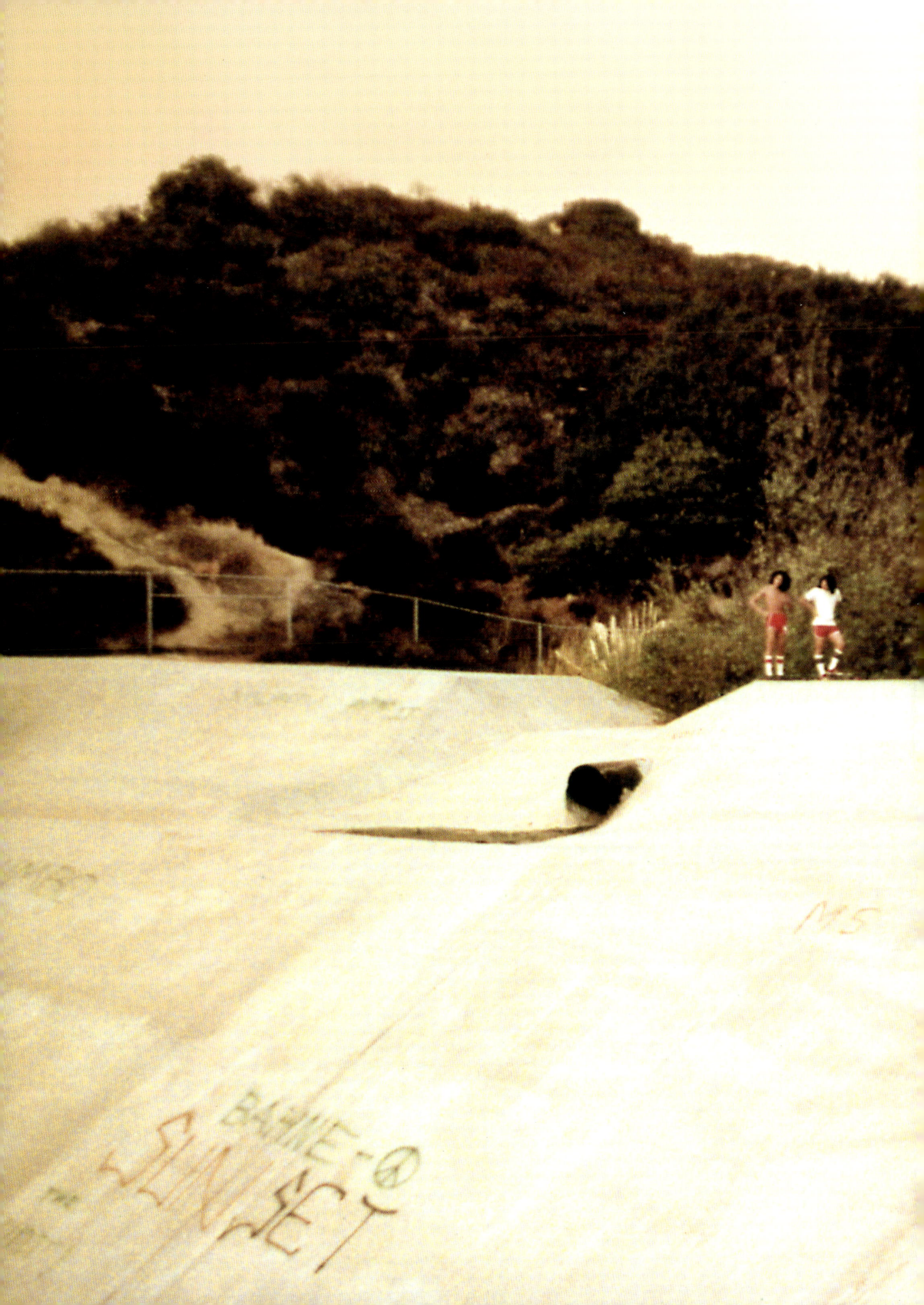

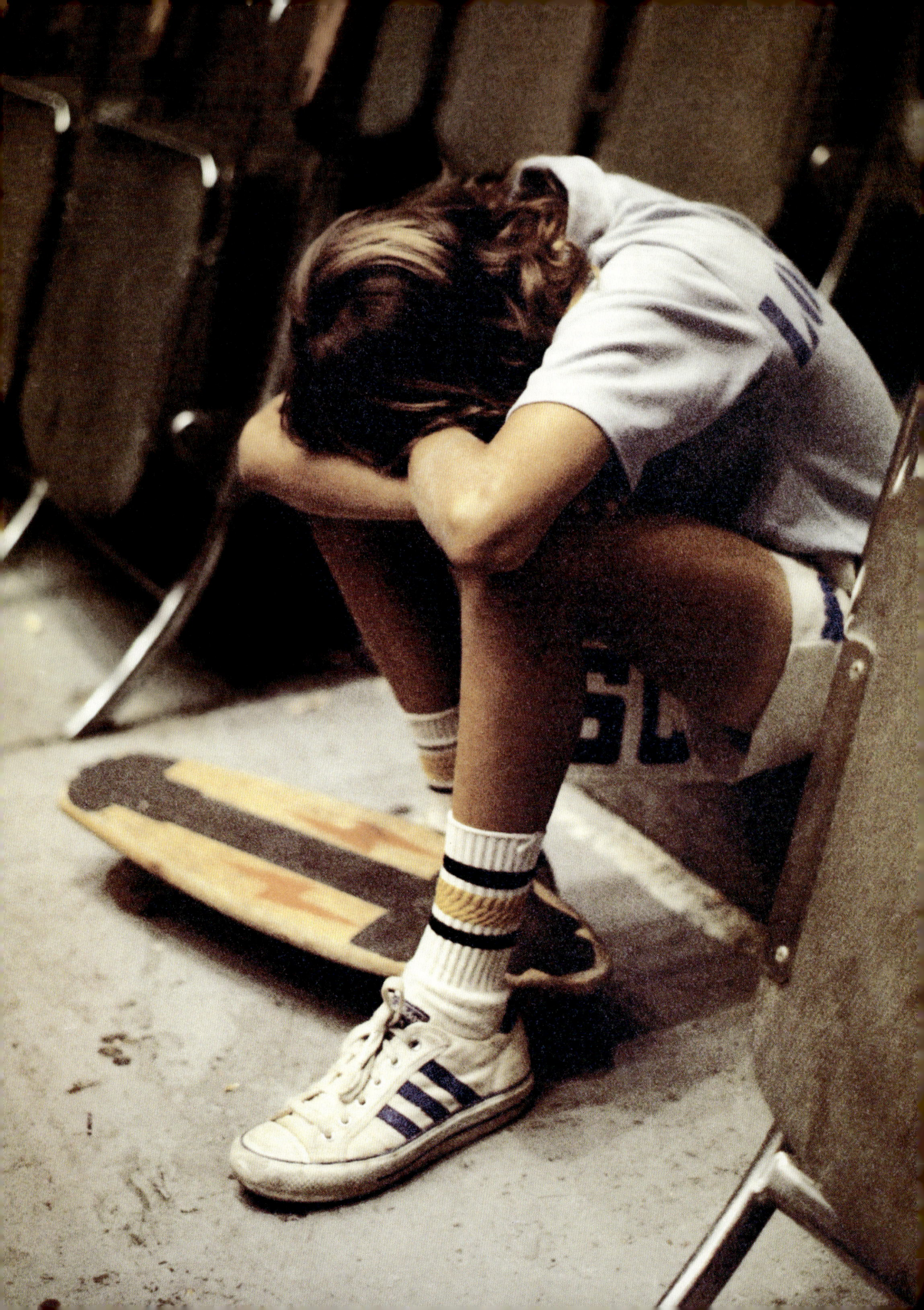

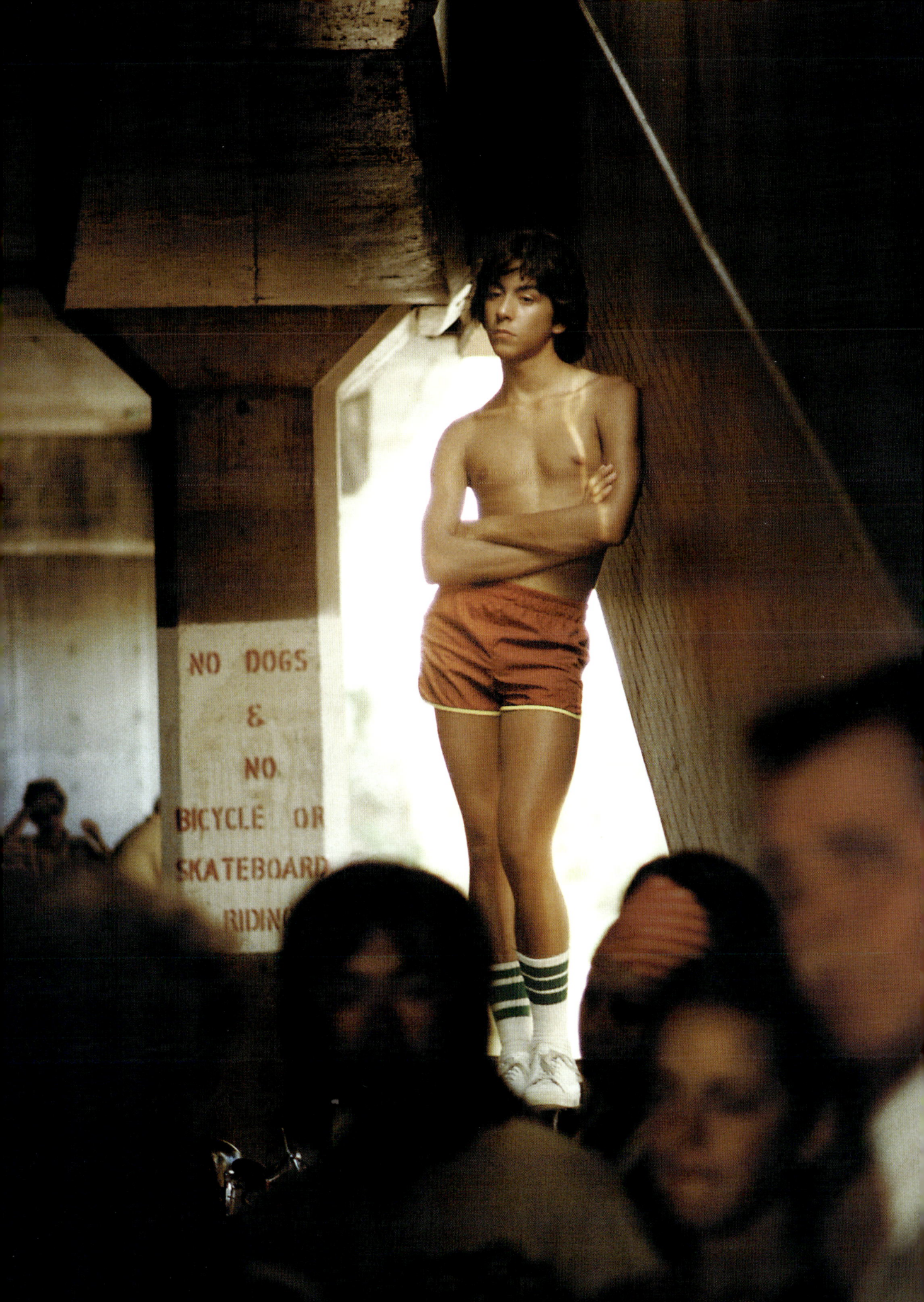

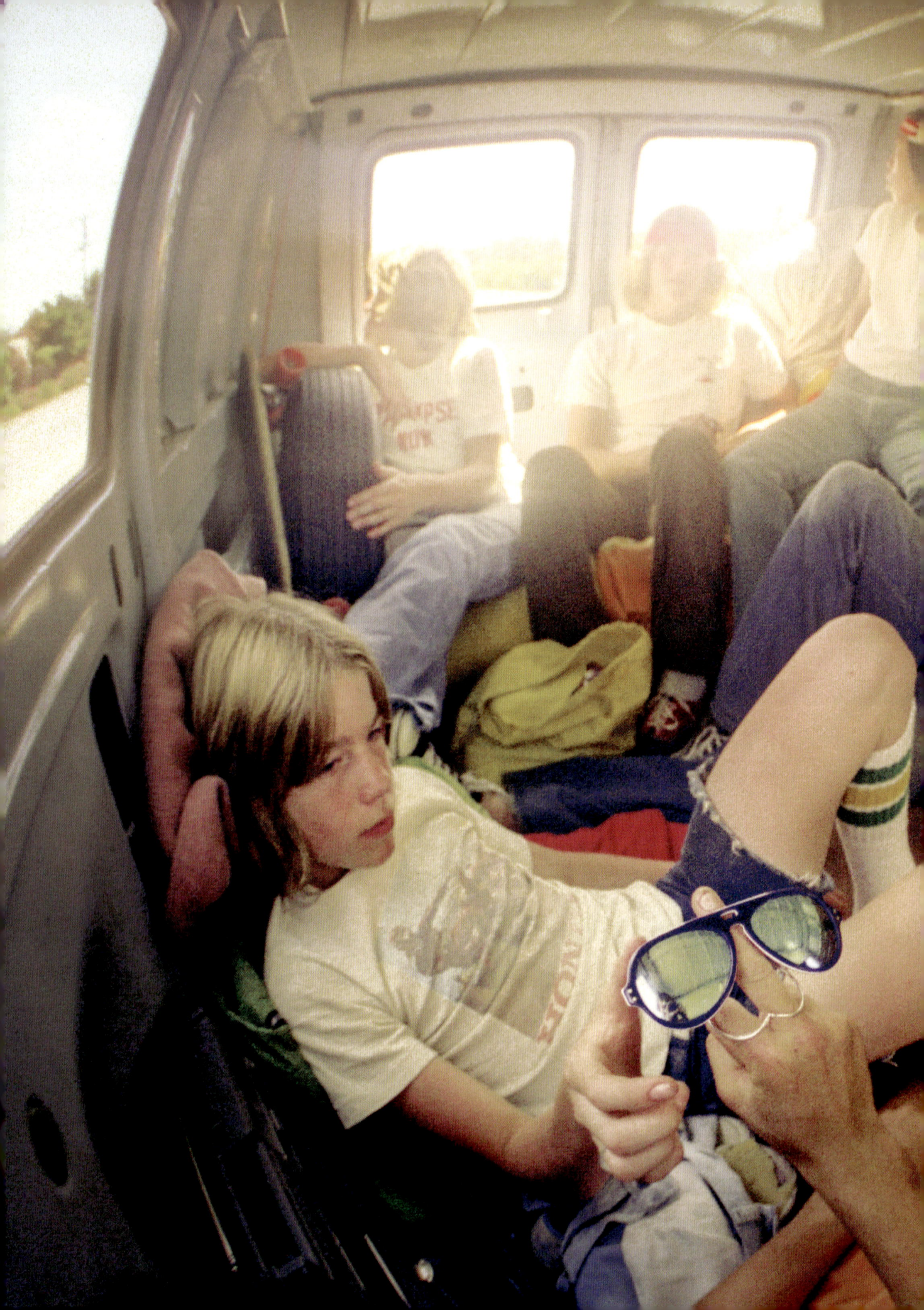

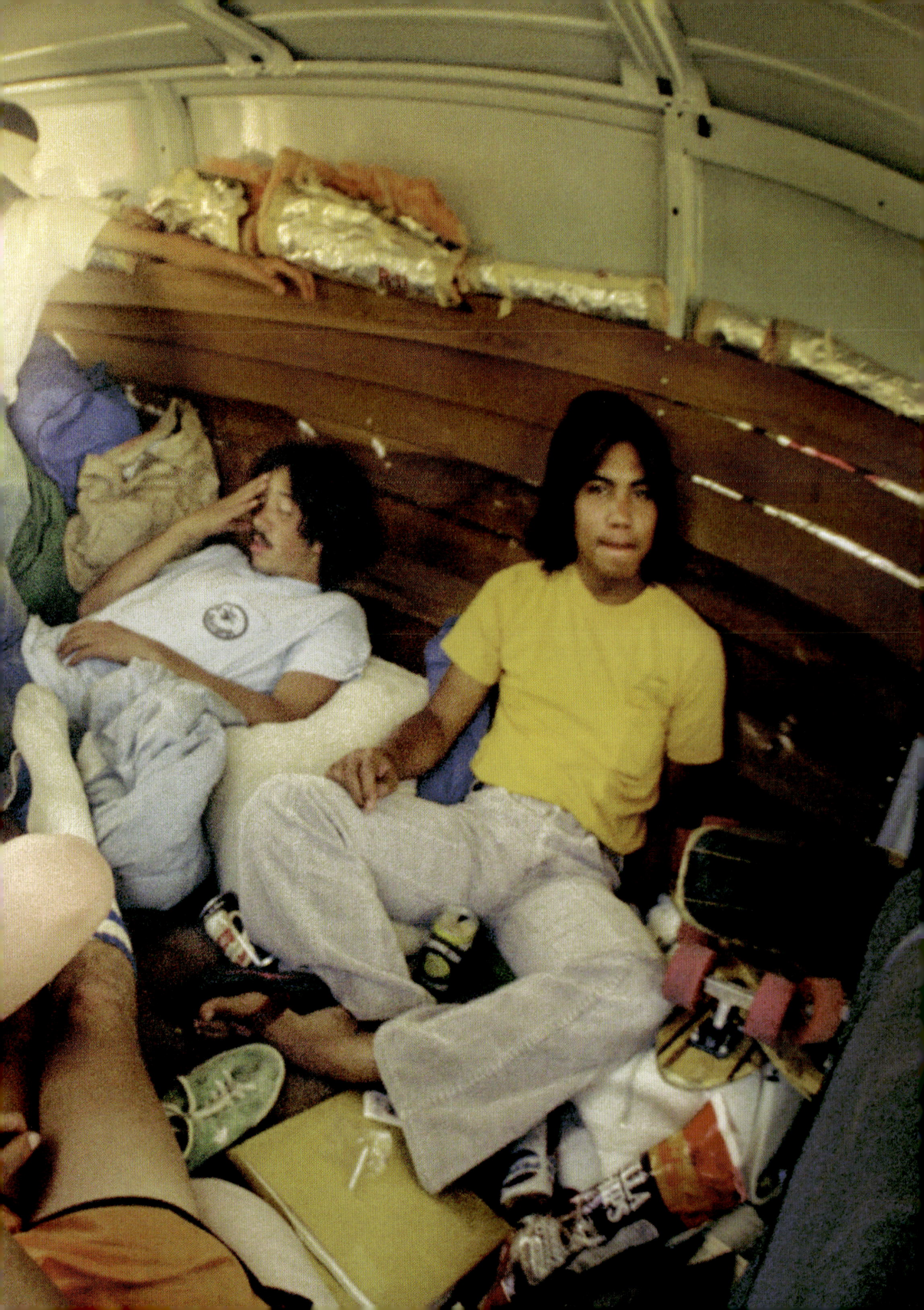

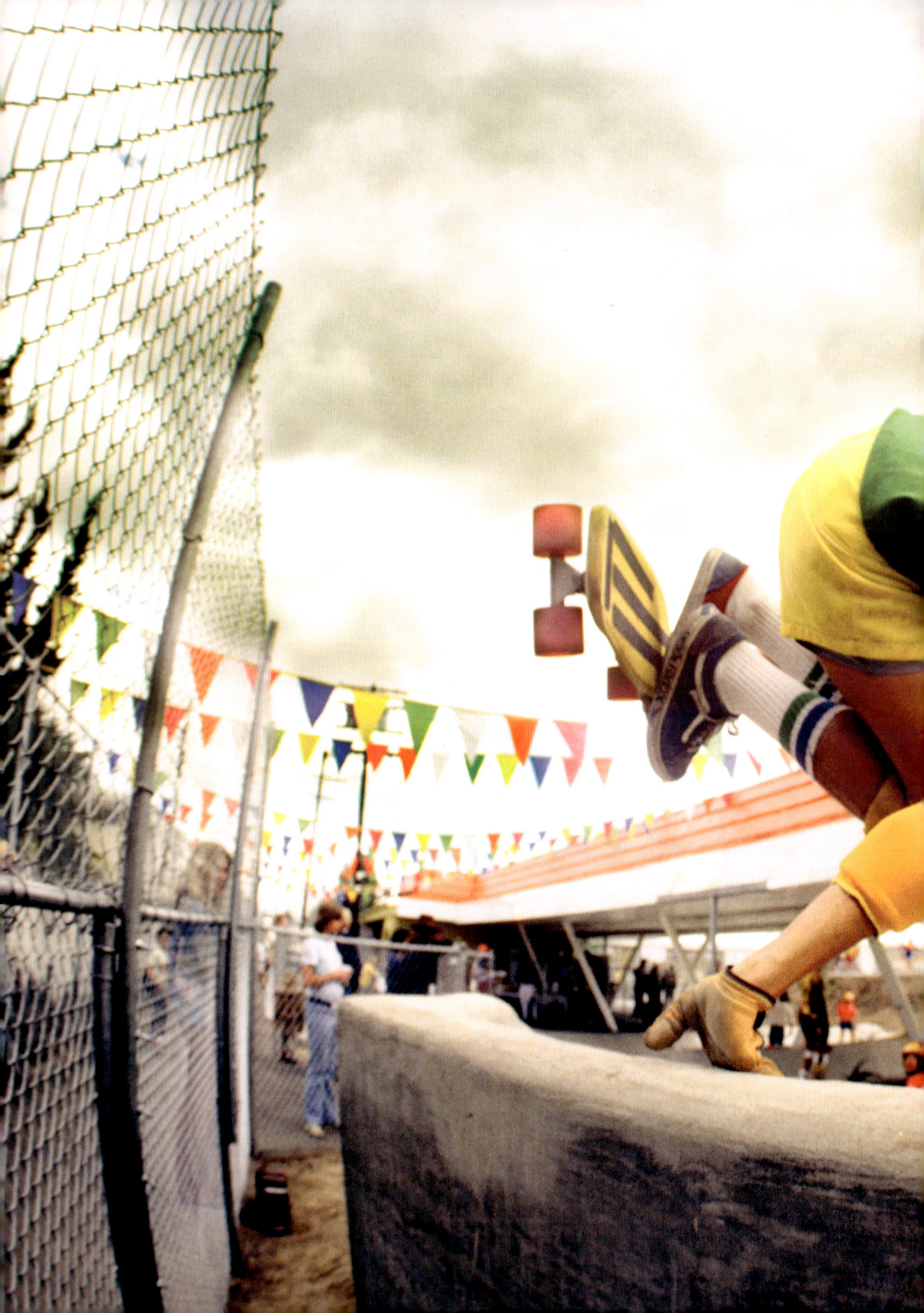

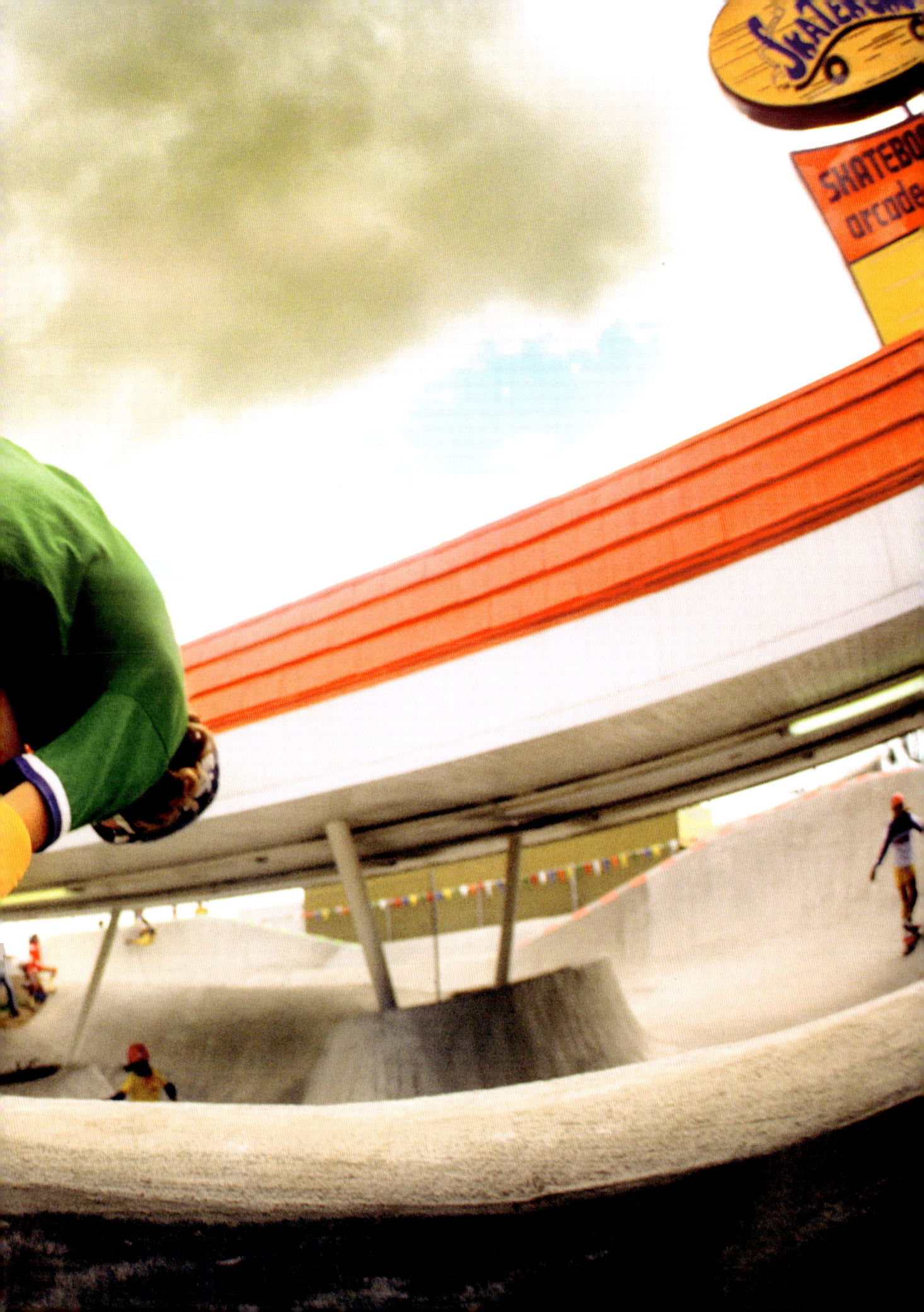

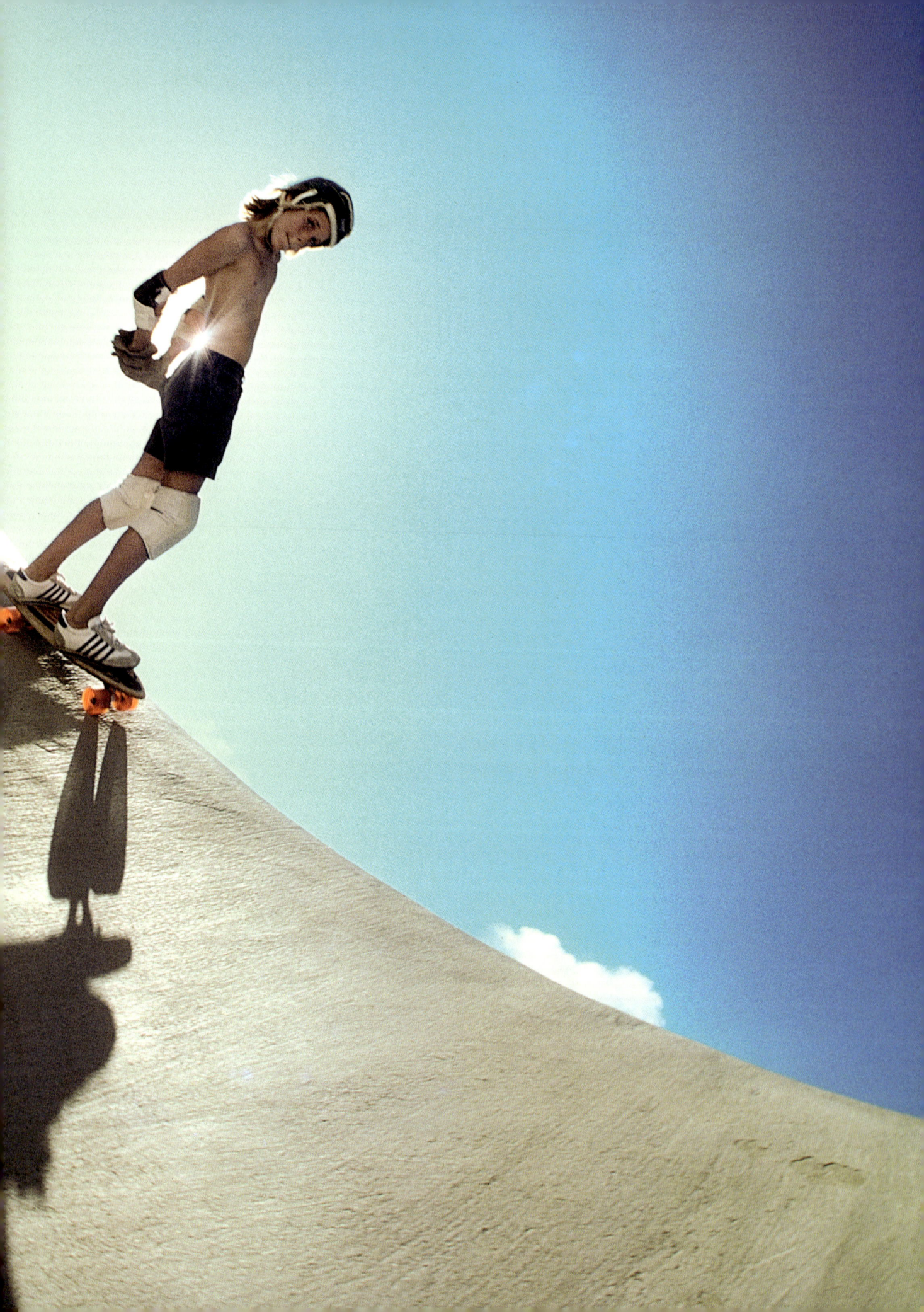

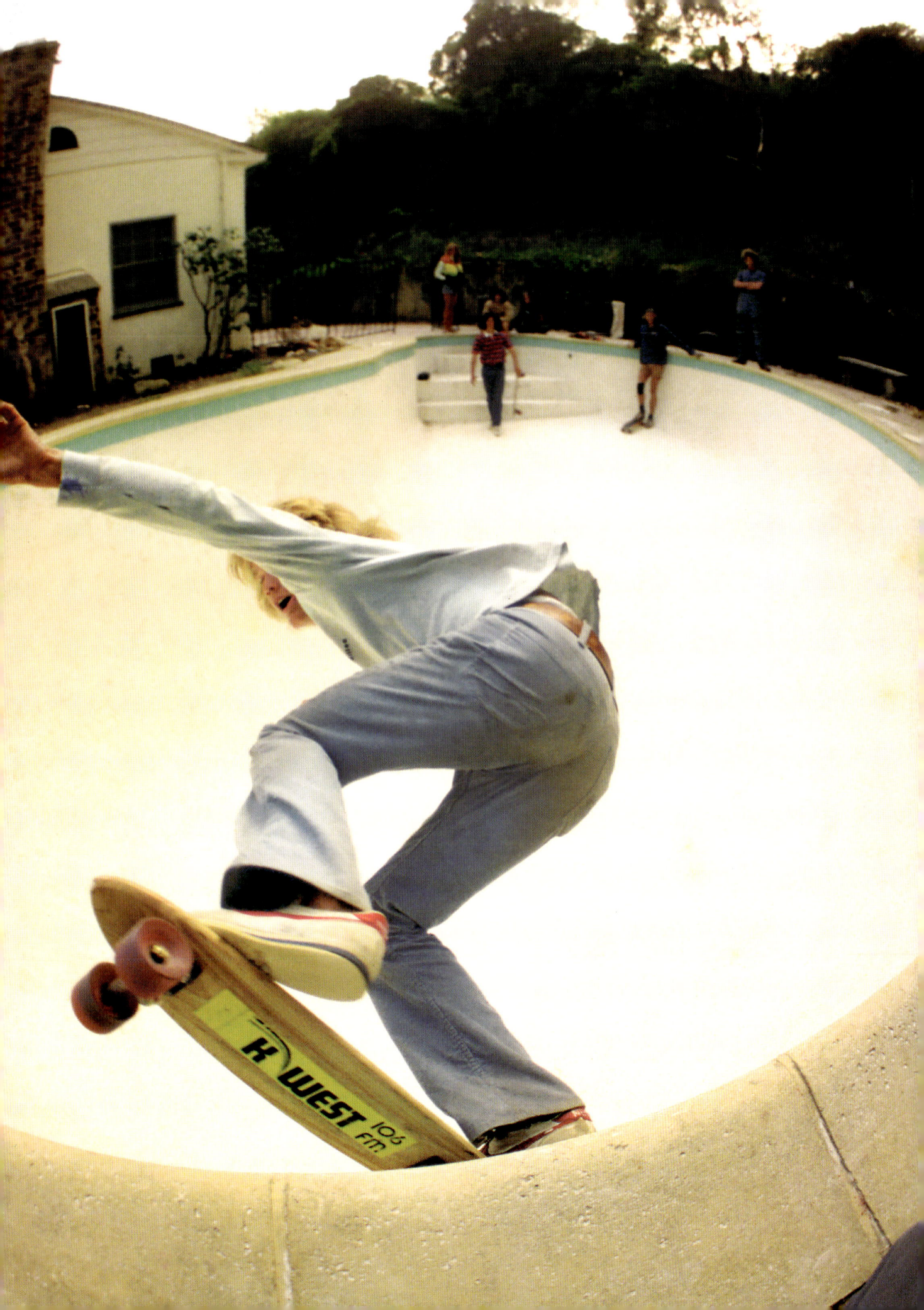

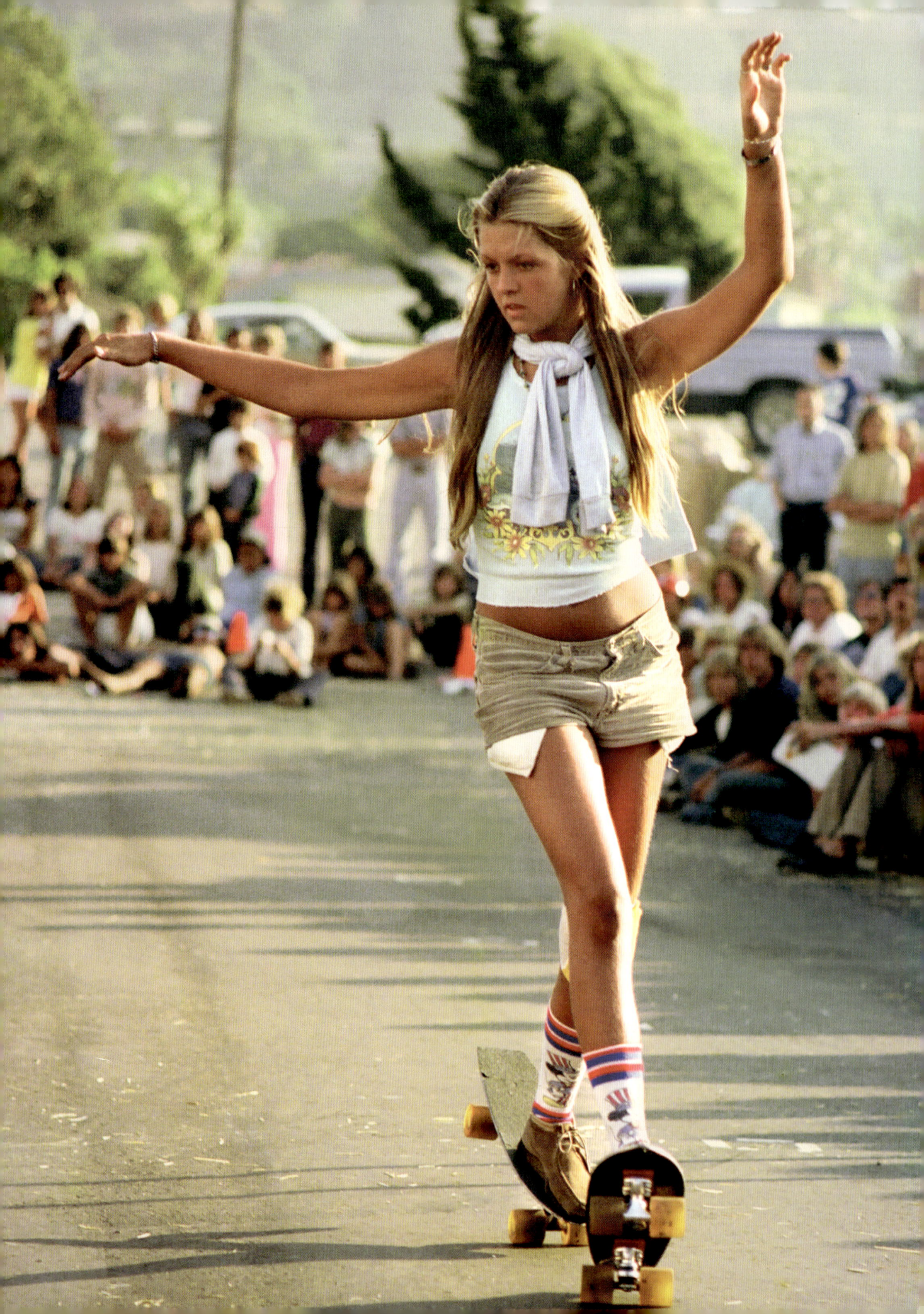

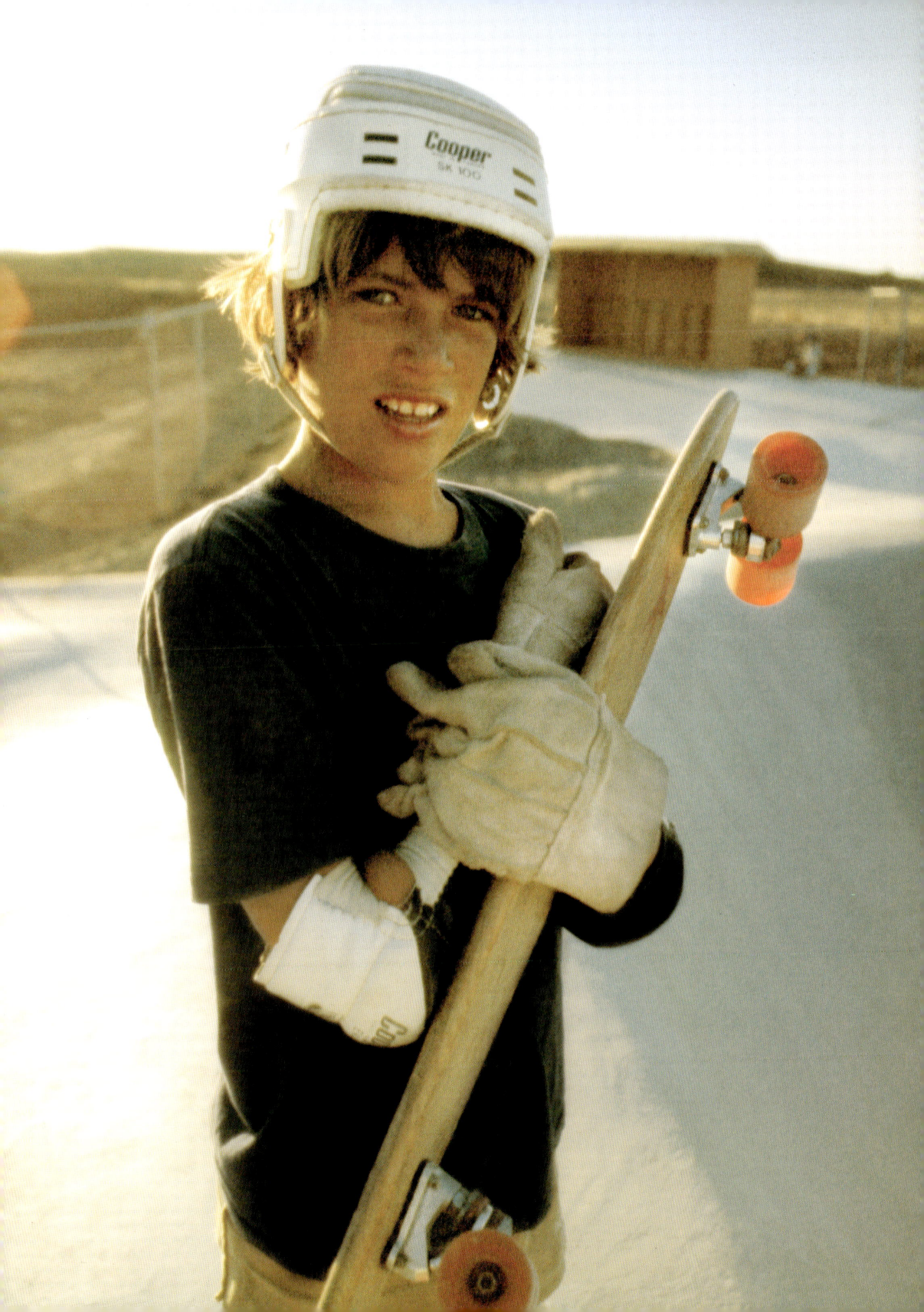

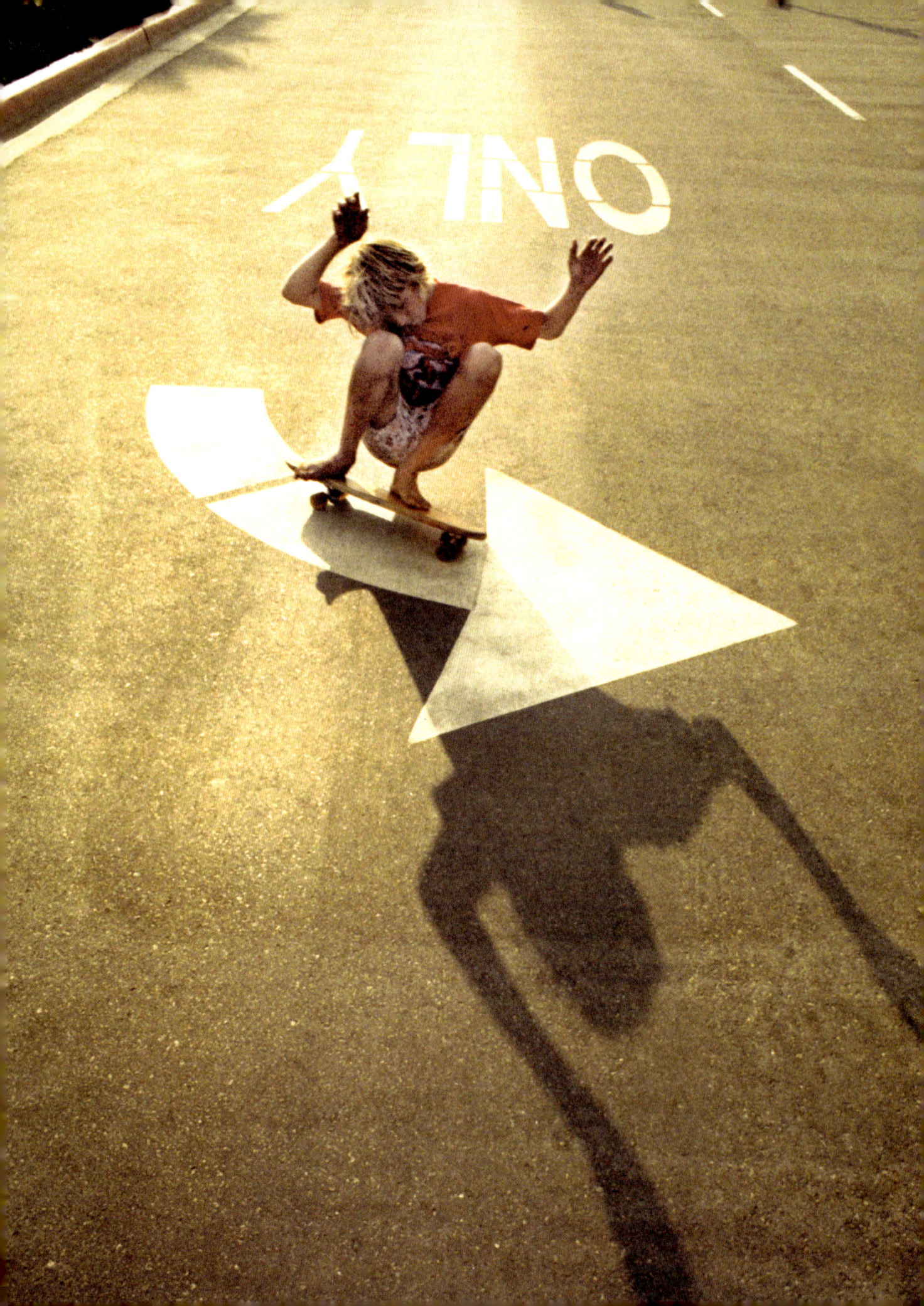

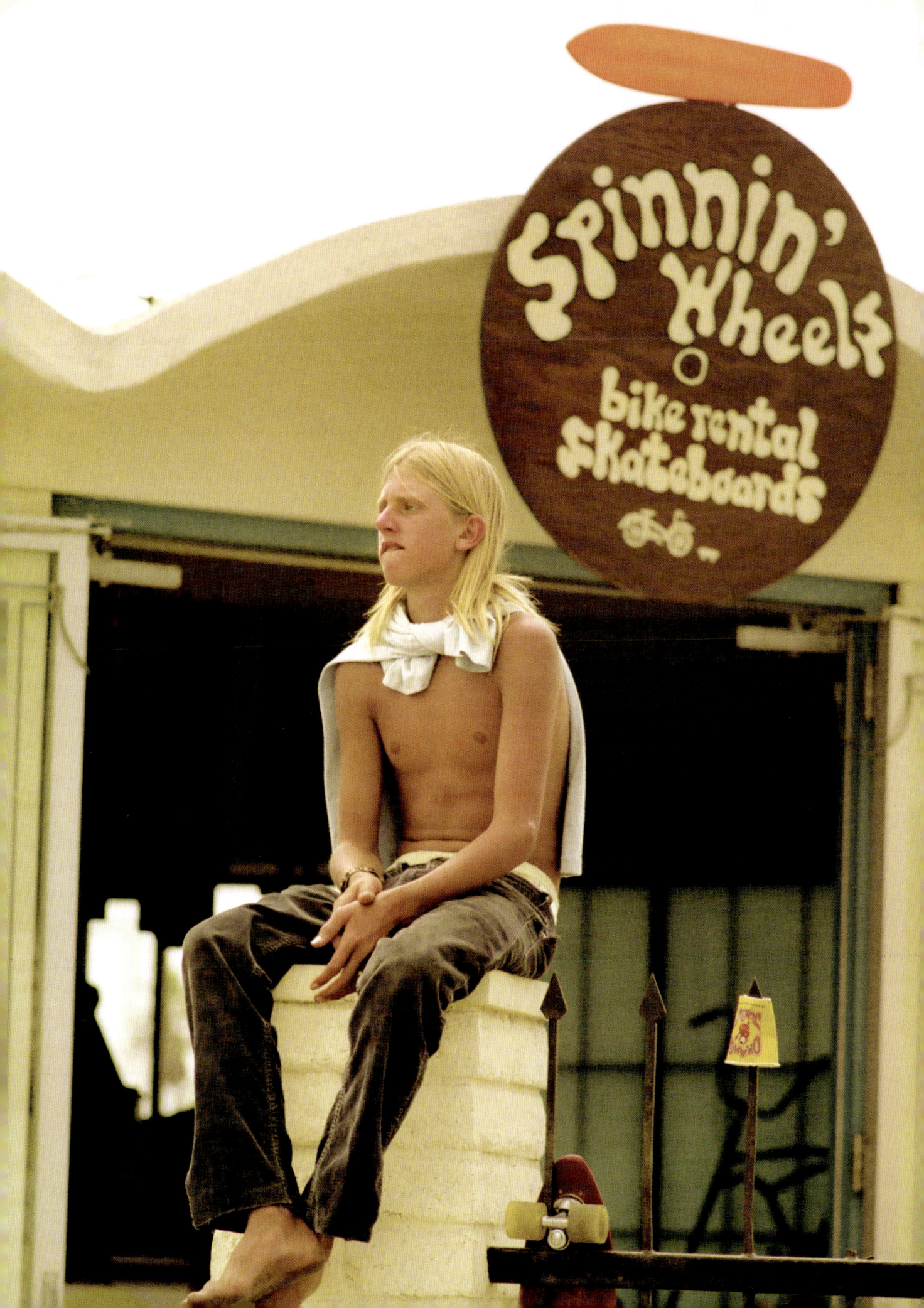

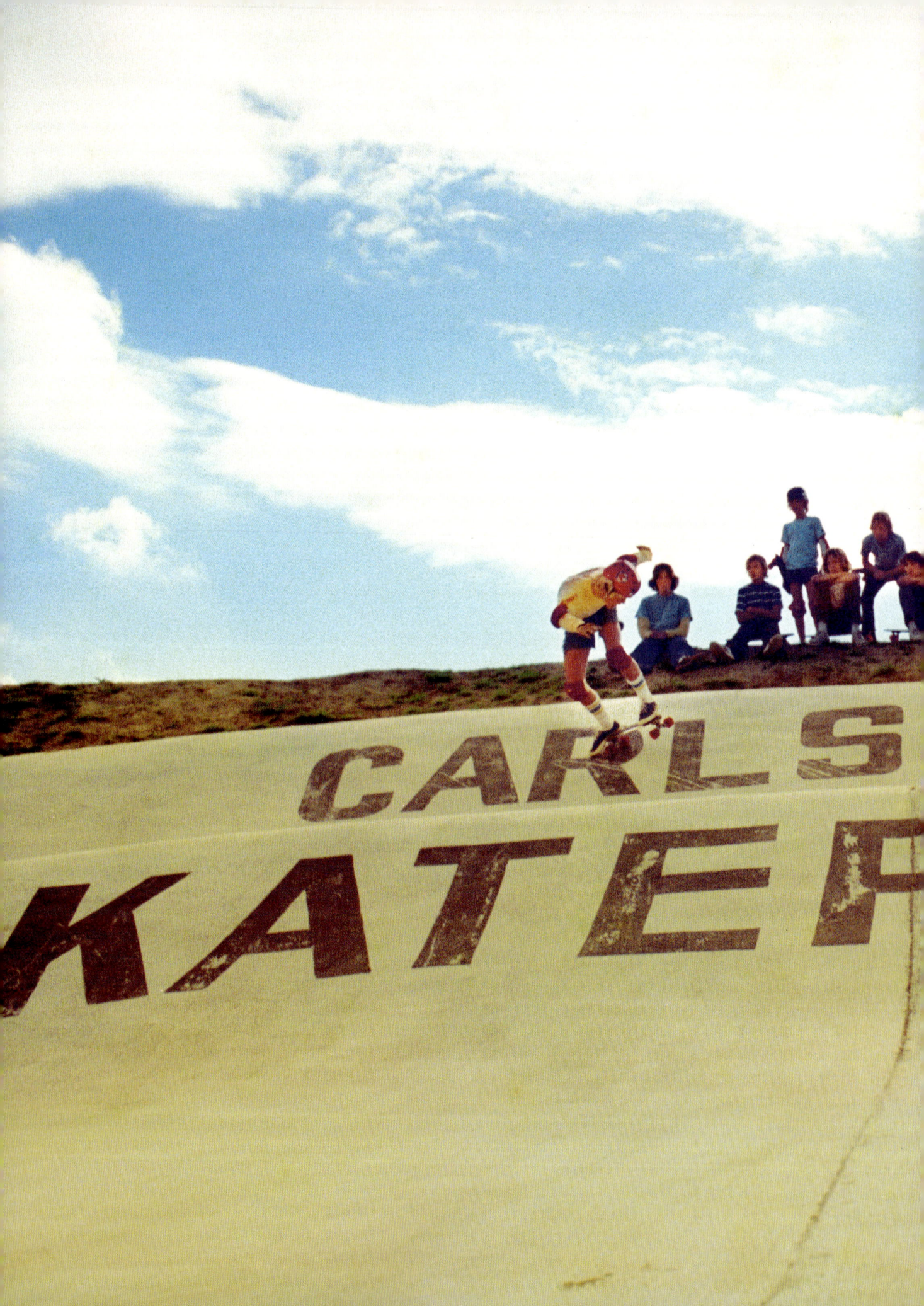

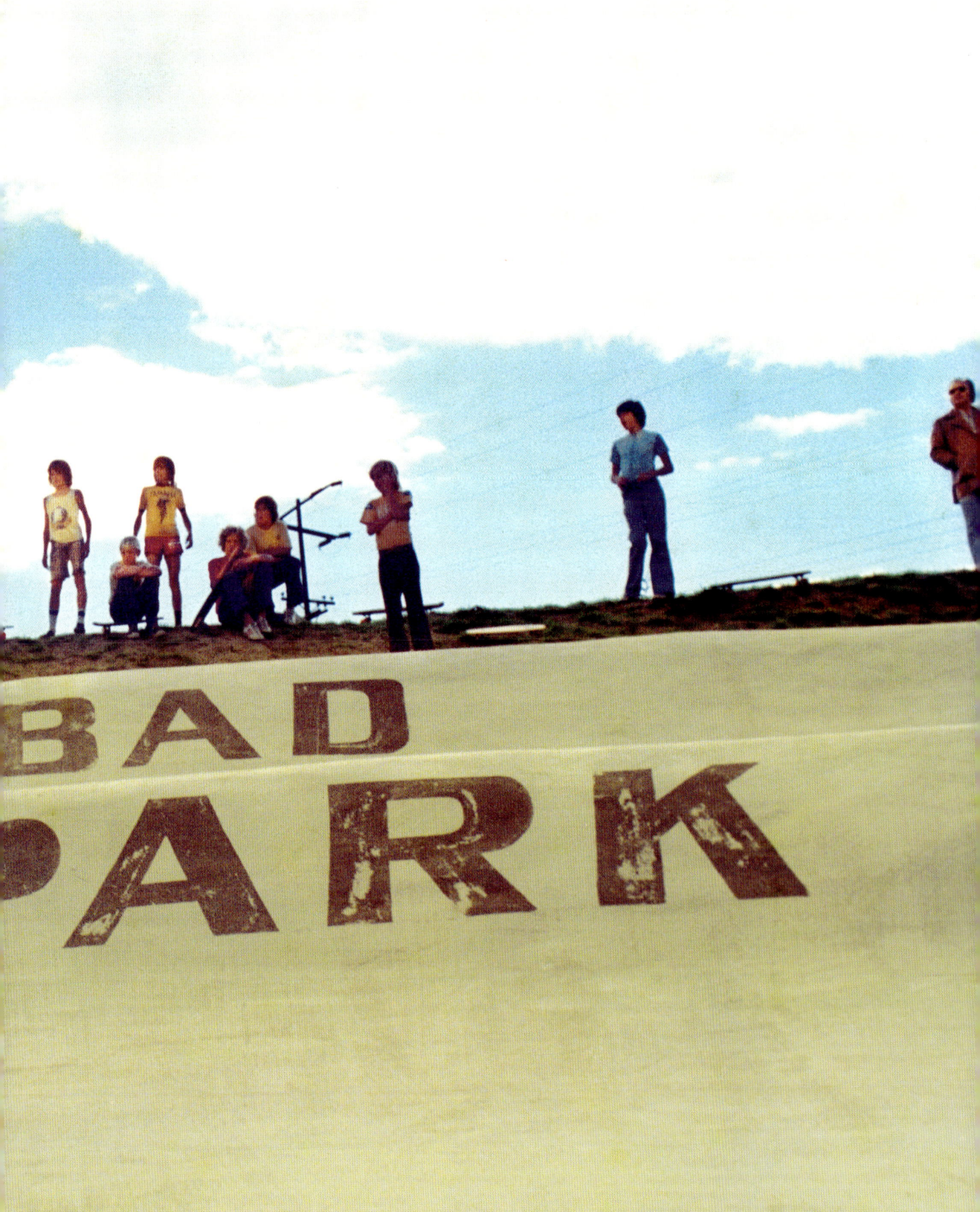

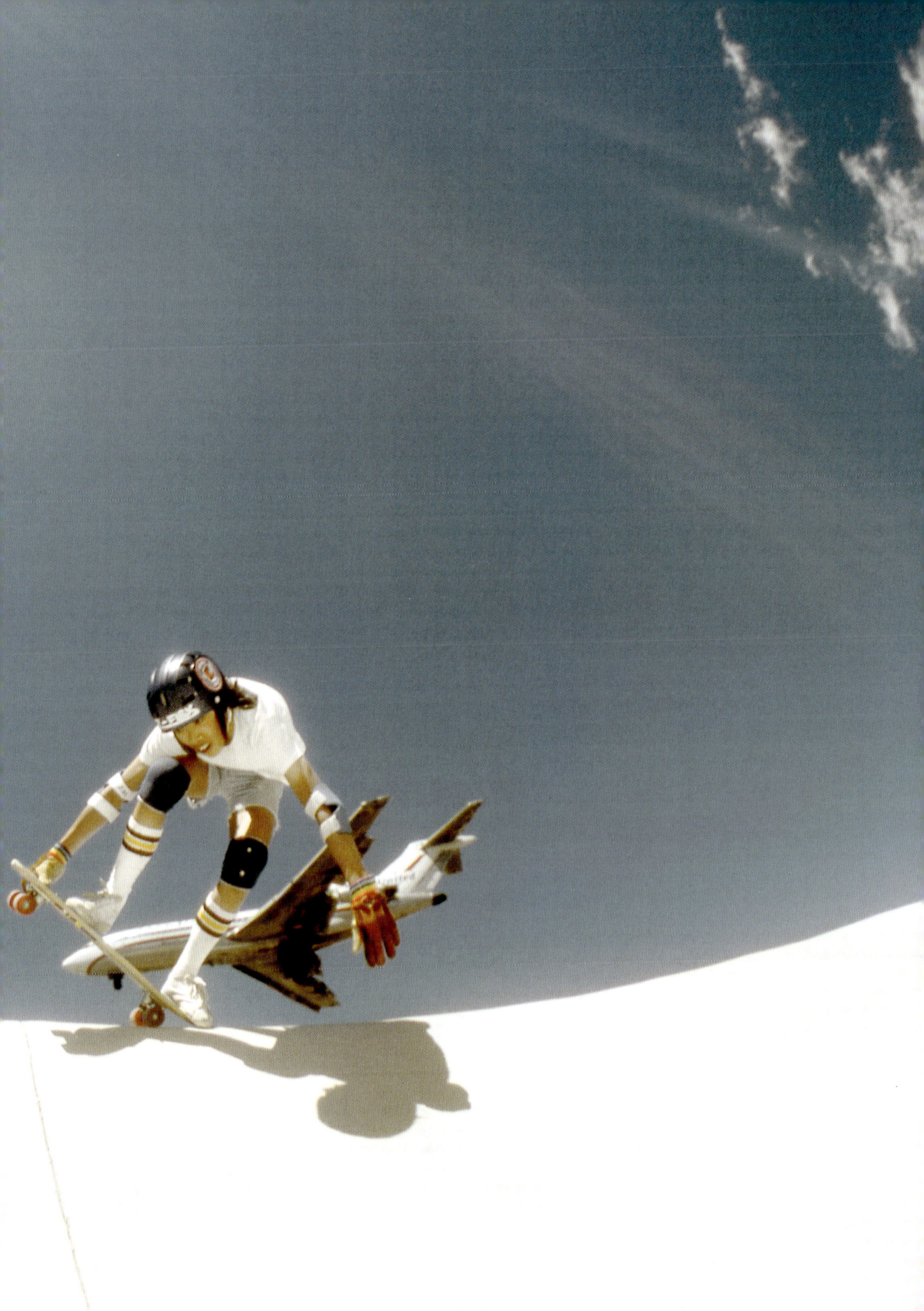

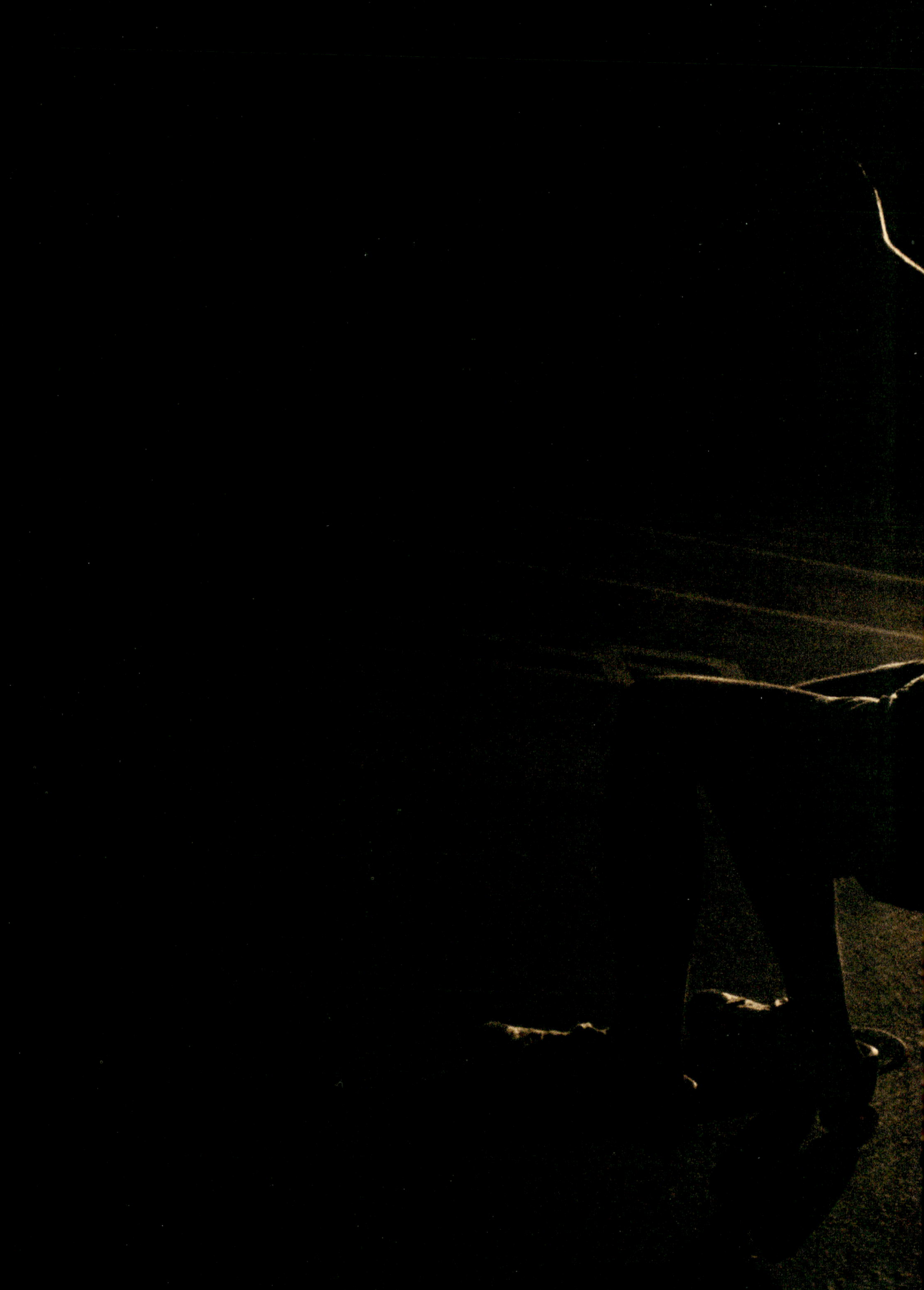

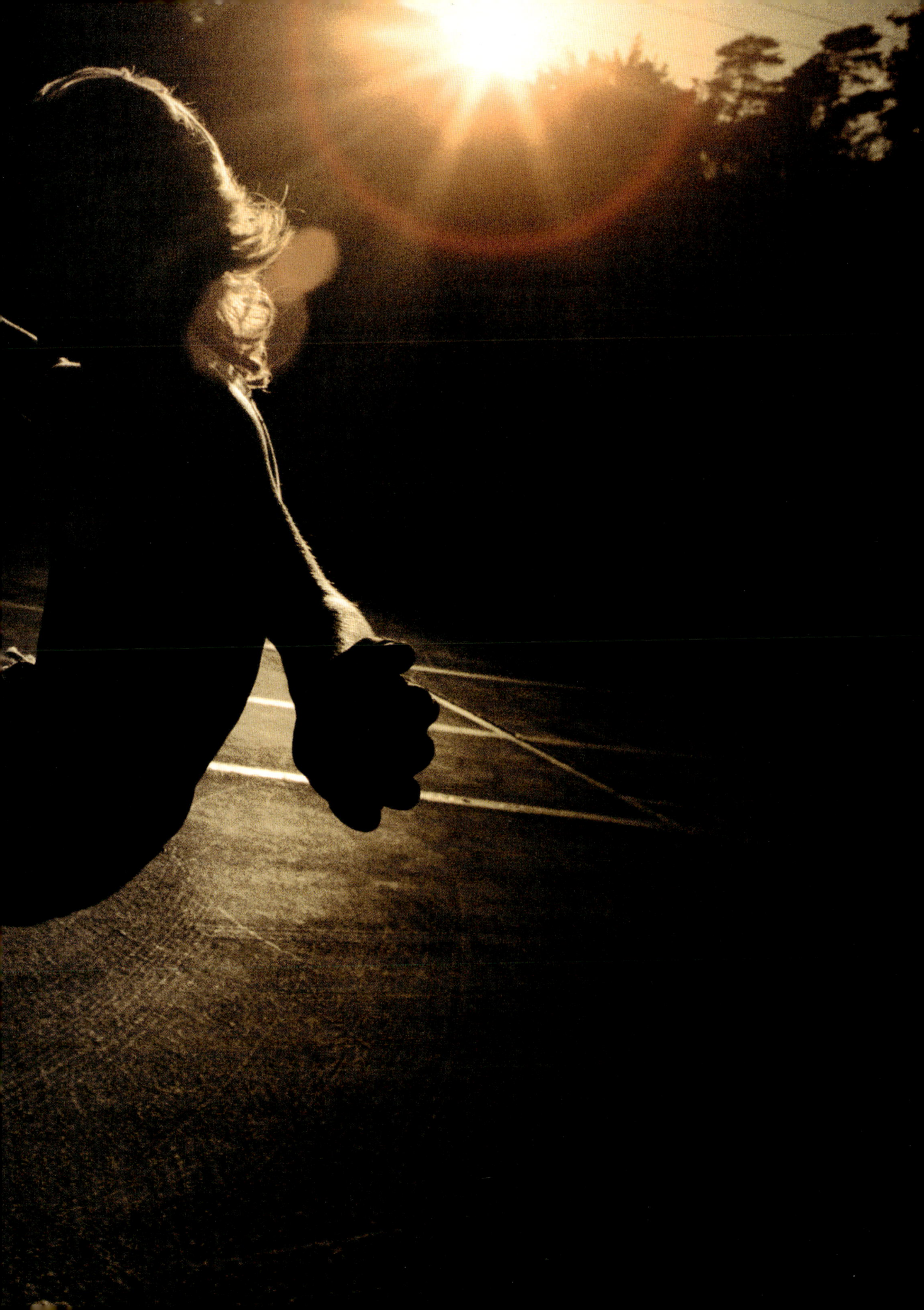

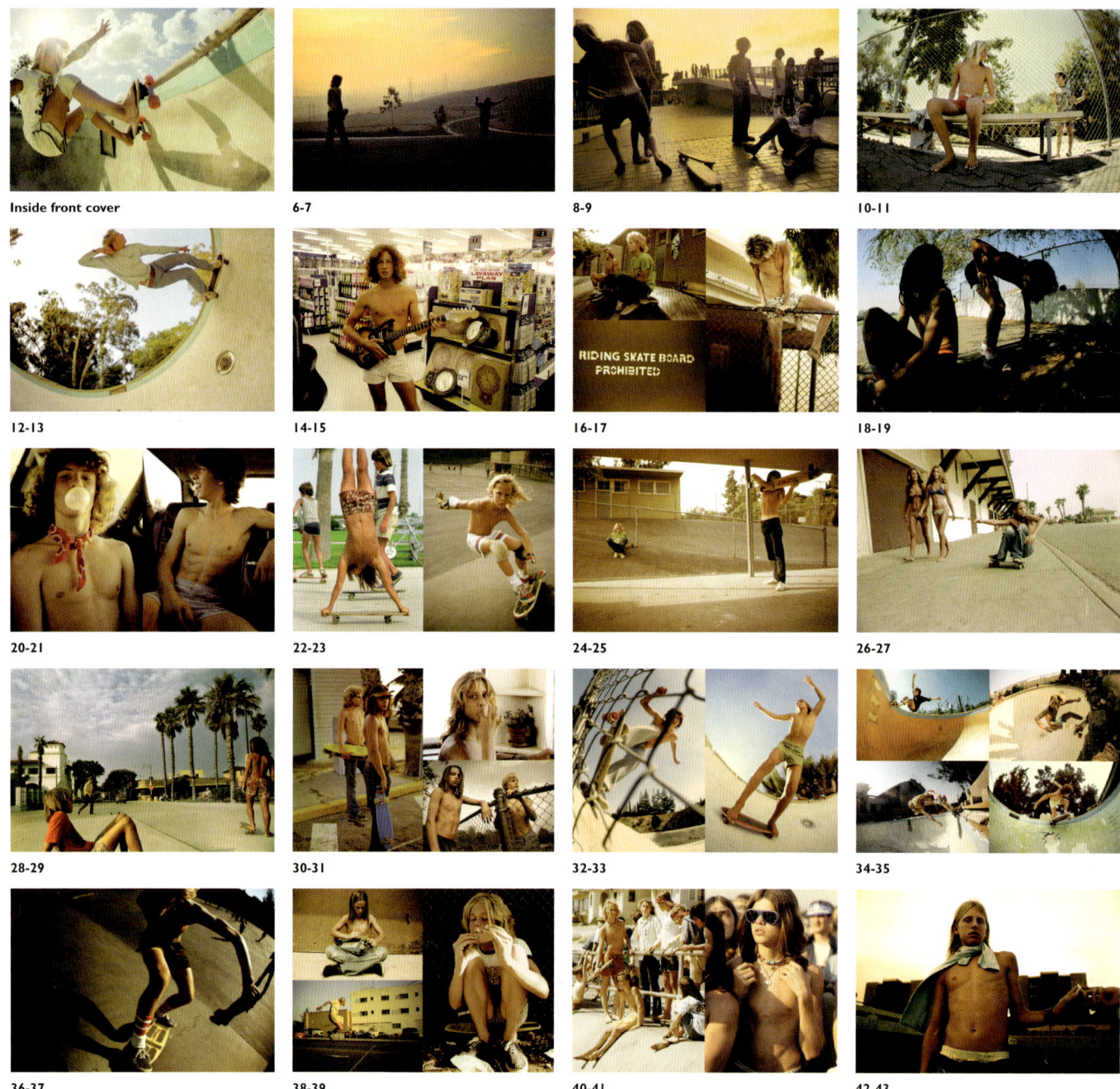

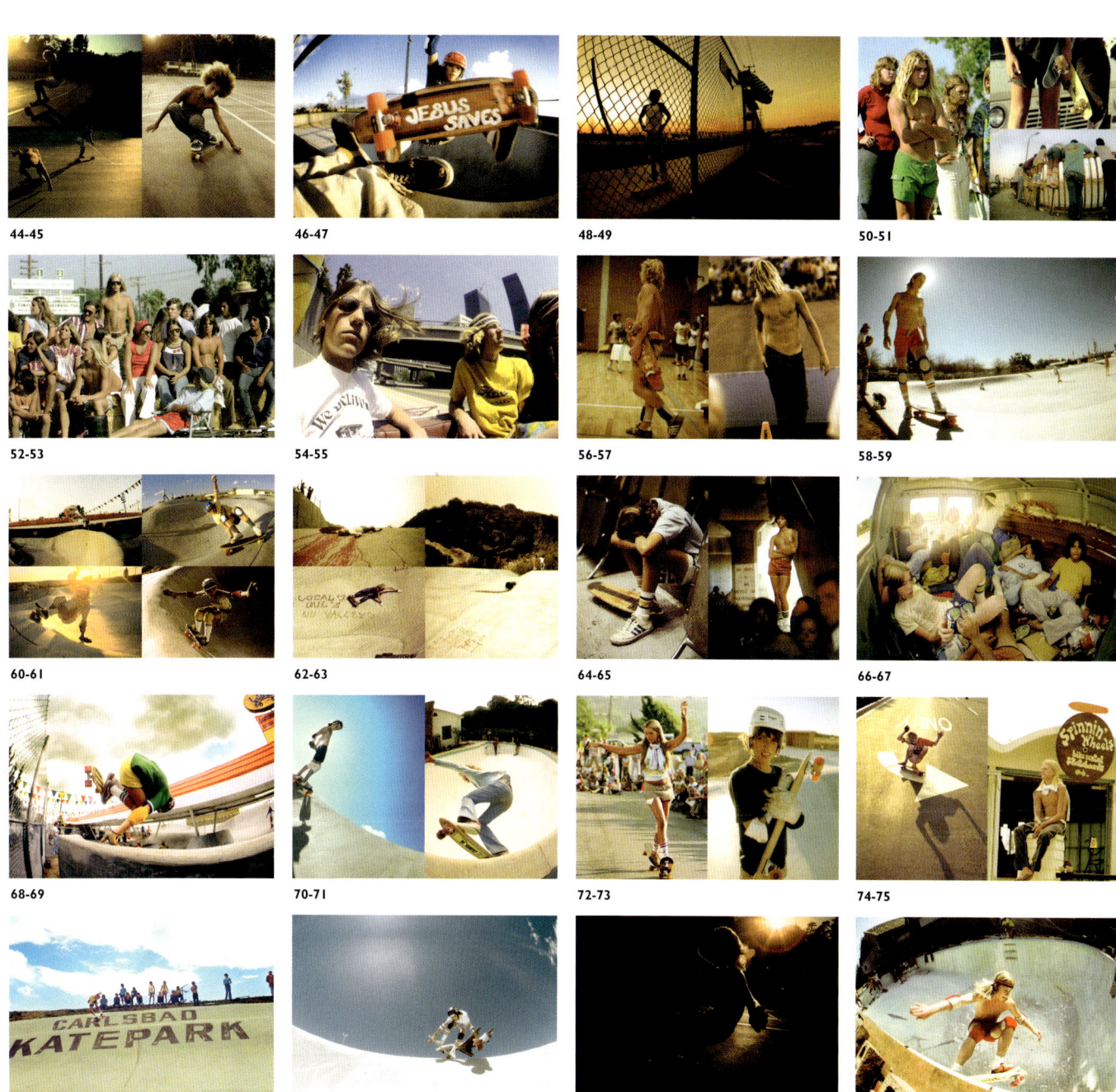

44-45   46-47   48-49   50-51
52-53   54-55   56-57   58-59
60-61   62-63   64-65   66-67
68-69   70-71   72-73   74-75
76-77   78-79   80-81   Inside back cover

AMMO

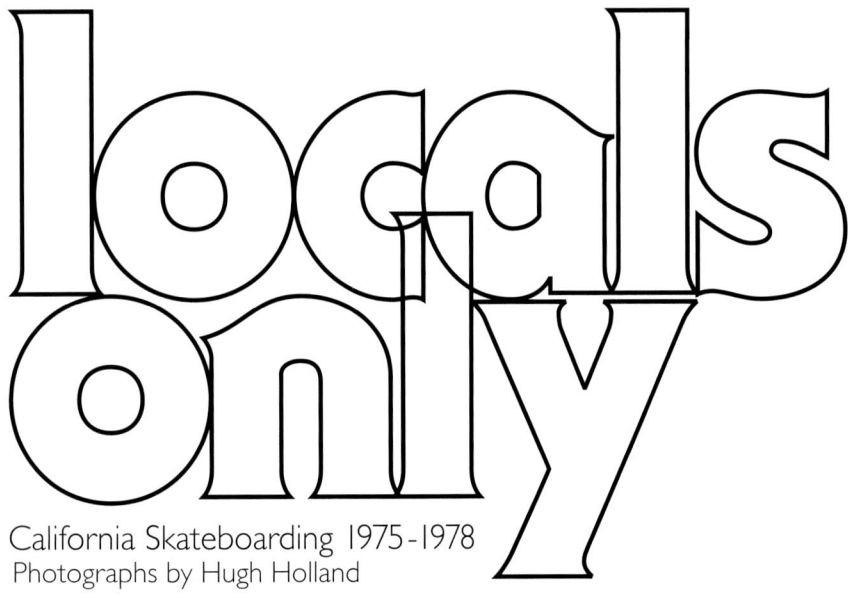

locals
only

California Skateboarding 1975-1978
Photographs by Hugh Holland

Edited By: Steve Crist
Acknowledgments: Benjamin Trigano, Lisa Eisner, Roman Alonso
Design: Carrie Worthen and Ben Pope, Thirdthing
Transcription and Copy Edits: Sara DeGonia
French Translation: Florence Kircher
Spanish Translation: Marian Getino
Production: Reid Embrey and Virginia Conesa

All Photographs © 2024 Hugh Holland
Introduction © 2024 Steve Crist

ISBN: 9781934429839
Library of Congress Control Number: 2010927289

For more information on AMMO Books, please visit www.ammobooks.com

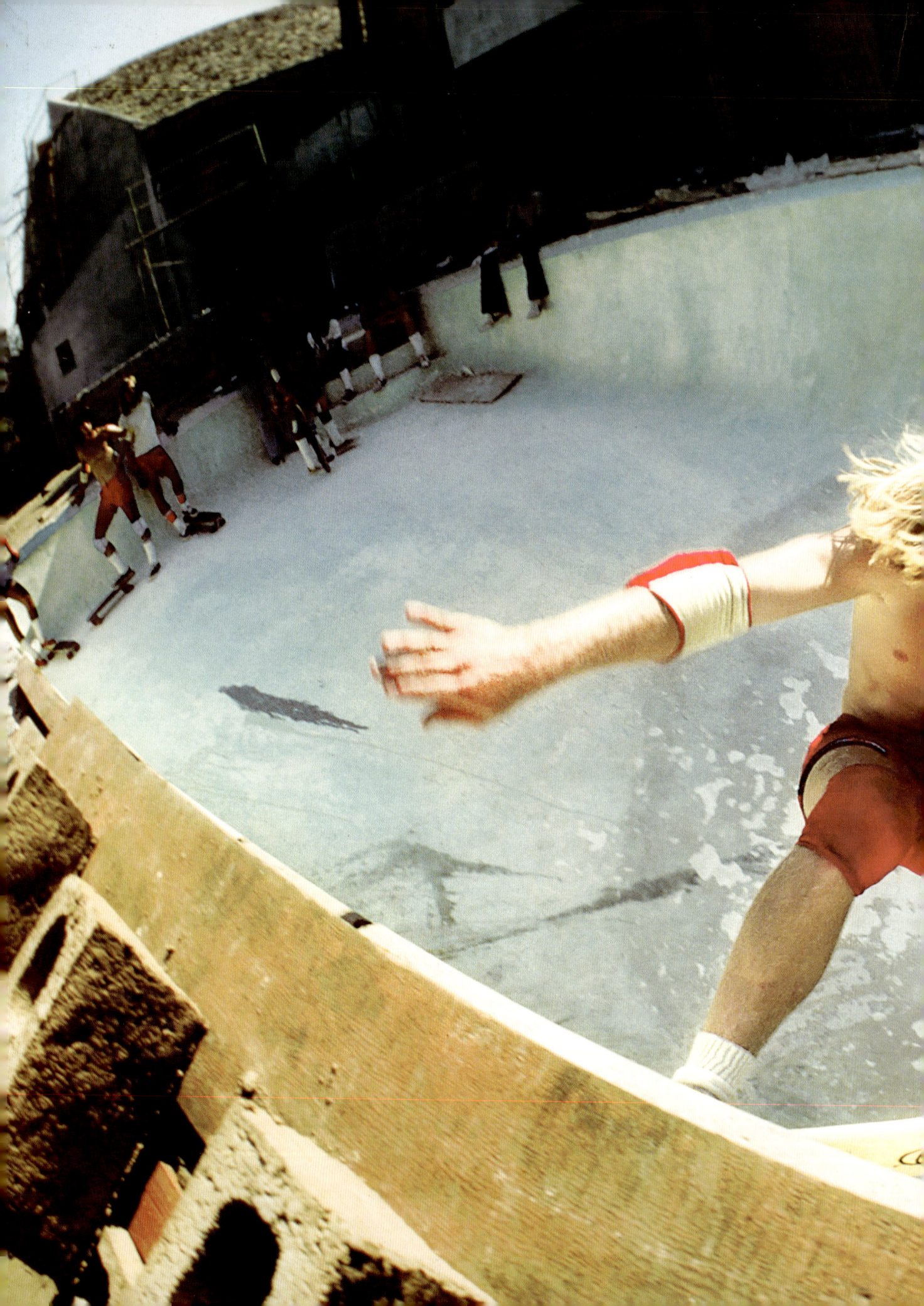